笑うな、僕は英単語の本だ!

世界一おもしろい、英単語学習本

ムン・ドク（文 徳）=著　クォン・ユンジュ（権 潤珠）=絵　ハン・ユキコ（韓 幸子）=訳

宇宙で一番おもしろい英単語の本

主婦の友社

前書き

　友だちのように、優しくて親しみやすい英語の本はないだろうか？
　時にはやんちゃな弟のように、いたずら好きで茶目っ気たっぷりな英語の本はないだろうか？
　また父親のように、厳しく叱ってくれる英語の本はないだろうか？
　無表情に英語が羅列されているだけでなく、人間の呼吸と息遣いが感じられる、そんな英語の本はないだろうか？
　学生たちを教えていると、よくこんなことを思う。
　本書は、英単語をもっと効率的に、たくさん、そして速く覚えさせるにはどうしたらいいかという、とても素朴で考えようによっては最も難しい課題のもとで作り始めた。英語教師として10年以上、英語を学ぶなかで特に語彙の習得に苦労している学生を数えきれないほど見てきた。この本が多くの学生の悩みを解決し、彼らの英単語力の向上に結びつけば、これほど嬉しいことはない。

　また、この本の構成を考えるうえで、幼い頃、祖母が聞かせてくれた虎の話がとても参考になった。
　あれから30年過ぎた今でも、その話はよく覚えている。

　　昔々、ある母親が2人の子どもに留守番をさせて、隣り村の家のお祝い事の手伝いに行きました。手伝いを終えた母親は、お礼にもらった餅を手に家に帰る途中、山で虎に襲われてその餅を取られてしまいました。

そして虎は母親を装って、留守番している子どもたちを襲おうと企みます。しかし子どもたちは虎をうまくだまし、木に登って、空に救いを求めると空から縄が下りてきました。子どもたちはその縄を伝って空に上りました。これを見た虎は自分も空に上ろうと思って縄を求めると、空からはすりきれた縄が下りてきました。虎は必死になって空に上ろうとしますが、途中で縄が切れて地面に落ちて死んでしまいました。天に上った子どもたちはお日様とお月様になって、幸せに暮らしましたとさ。

　私はこの昔話を、いつもわくわくして聞いたことを、いまだにはっきりと覚えている。
　これほど長い間、私の記憶に残っている昔話のように、英単語も長く生き続けたらどれほどよいか……。
　そこで私は、この本をストーリーのある英単語習得本にすることにした。なぜなら、もっと人間的で自然な方法で英単語を習得してもらいたかったからだ。

　私に愛の偉大さとヒューマニズムの美しさを知らせてくれた両親、両親をそのように育てて亡くなった祖母に、この本を捧げたい。

2005年7月

ムン・ドク

おじさんもおばさんも最後まで読める英語の本

「私は単語を知らないので英語ができない」と思っている人たちって、多いでしょう？ 何か言おうとしても単語が思い浮かばなくて、英語の文章を読もうとしたら何行もいかないうちにすぐにつまっちゃって……。全国民の英単語コンプレックス、これからムン・ドクが吹き飛ばしてみせます。覚えようと思わずに、ただ面白く読むだけで結構。笑いながらページをめくっていくうちに、なんと1000語の単語が自動的に頭の中に入って、脳に刻み込まれます。

・面白い講義で名声の高いムン・ドク先生が、巧みなお話でしっかり笑わせてくれます。
・スノーキャットの作家クォン・ユンジュのイラストが絶妙に合わさって、自然とページがめくれます。

お年寄りも子どもも簡単に覚えられる英単語の本

最後まで読めた英語の本が、今まで1冊もなかったって？ 少し時間が経ったらみんな忘れるんだから、単語の勉強をしても仕方ないって？ ジャジャーン！ 1等もビリも、お年寄りも子どもも、最後まで読める英語の本を紹介します！ おじさんもおばさんも、医者も患者も、とても簡単に覚えられる英単語の本が、ここにあります！

・人体から衣食住まで、私たちの周辺環境をパノラマ式に追っていく話の構成で、核心単語が体系的にわかり、連想記憶が刺激されて意味が長く記憶されます。
・ざっと読んだ後、各節の最後にある〈単語暗記ノート〉を活用してみましょう。よく知っている単語を再度整理するような感じで、楽しく単語を学習できます。

本書の構成と特徴

「僕の英語の運命が変わってしまった！」

韓国英語教育界のスーパースター、ムン・ドクが厳選した'全国民教養英単語' 1000語総集合

韓国英単語本の超ベストセラー『MD VOCABULARY 33000』をご存じですか？

その本の著者ムン・ドクが、大学水準の英単語をちょうど1000語選びました。受験や資格試験、海外旅行等にも必ず役に立つ、いわば誰もが知っておくべき'全国民教養英単語'です。中学生も高校生も大学生もサラリーマンもみんな面白く楽しんでください！ TOEFL水準の語彙力が、読むだけで身につきます。

・＜人間と生物＞から＜感情と性格＞、そして＜生活と旅行＞まで——1000語の単語を体系的に入れました。
・生活の中の必修単語だけでなく、各種試験（TOEIC・TOEFL・英検）によく登場する単語まで、十分に網羅しました。

ヤッター！

目次

1 人間と生物

01 人体　頭からつま先まで自分のすべてが知りたい　10
　　　顔 11　体の中 15　上半身 16　生殖器官 18　下半身 21

02 体の状態　どうして僕は太った人が好きか　27

03 病気　僕は願う、頭にフケのない世界を　31
　　　Illnessとdisease 31　エイズ 32　病気の症状と類型 33

04 病院と医師　病院ごっこでもしようか　47
　　　診療手続き 47　病院 49　医師 50

05 感覚　五感で感じるジーンとする瞬間　56
　　　視覚 56　聴覚 58　嗅覚 59　味覚 60　触覚 61

06 動物　英語で絶対に知っておくべき動物　65
　　　家畜とペット 65　野生動物 68　鳥類と昆虫 70　魚類 72
　　　動物園の動物たち 73

07 植物　植物に対しても、これぐらい知っていないとね　80
　　　植物の体 81　植物の種類 82　いろんな木々 85

感情と性格

- 01 喜びと悲しみ　喜びを分かち合うと倍になり、
  悲しみを分かち合うと半分になる　92
  喜び 92　悲しみ 95

- 02 驚きと恐怖　この世で一番びっくりするような怖い話　101

- 03 嫉妬・失望・怒り　あの子のほうが可愛いって？
  がっかりだわ、あっち行ってよ　106

- 04 性格と品性　おい、落ち着きなよ　111

- 05 正直と不正直　正直言って、それは嘘さ　127

生活と旅行

- 01 住宅　ムン・ドクの家を公開します　134
  家の種類 135　家の構造 138　その他の建物 143

- 02 衣服　衣服に関して気になっていたいくつかのこと　148
  服の種類 149　女性たちの服 150　服装 153

- 03 飲食　食べる単語なくして、英語を論じるな　157
  いろんな味 158　市場で買い物 160　料理する 164　食堂で 166
  居酒屋で 169

- 04 ショッピング　'在庫一掃セール' は英語でどう言うか　176

- 05 スポーツとレジャー　どんな運動をしていますか　181

- 06 旅行　地球は広く、世界は狭い　186
  いろんな旅行 186　海外旅行 189

DON'T LAUGH! I'M AN ENGLISH BOOK
Written by Moon Duk
Illustrated by Kwon Yoonjoo
Copyright © 2005 by Random House JoongAng Inc.
All rights reserved.

No part of this book may be used or reproduced in any manner
whatever without written permission except in the case of brief quotations
embodied in critical articles or reviews.

Original Korean edition published by Random House JoongAng Inc.
Japanese edition is published by arrangement with Random House JoongAng Inc.
through Bookcosmos, Seoul.

装幀：坂川事務所

本書に使用した写真について、韓国の原出版社が日本語版への掲載権をクリアしている旨、確認済みです。

人間と生物

01 >>> 人体

頭からつま先まで
自分のすべてが知りたい

　すべての**生命**lifeは**cell**細胞でできているんだ。僕は目があまりよくないからか、細胞の中は見ることができないんだけど。^^顕微鏡さえあれば**chromosome**染色体が見られるのに。**gene**遺伝子も見えるかな？　どんな形なんだろう。

　cellが集まって**tissue**組織を形成し、**tissue**が集まって**organ**器官になるのさ。僕たちの体は一列に並べると10万km以上にもなる**blood vessel**血管が走ってるんだよ。
　僕がどうしてこんなこと知っているかって？　実は以前、ある人の血管を伸ばしてみたんだよ。へへへ。
　心臓から出る血管を**artery**動脈といって、心臓に入ってくる血管を**vein**静脈という。このように僕たちの体にはいろんな身体器官があるんだけど、ほかにどんなのがあるか、さあ見てみよう！

cell [sel]　　**chromosome** [króuməsòum]　　**gene** [dʒiːn]　　**tissue** [tíʃuː]　　**organ** [ɔ́ːrgən]
blood vessel [blʌd vésəl]　　**artery** [áːrtəri]　　**vein** [vein]

◆◆ 顔 ◆◆

まさかhead頭がない人はいないだろ？　たまに、頭にhair髪の毛がない人はいるけど。＾＾そんなときは、こう言ってみよう。

"Oops, you're bald." あら、ハゲですね。

多分、すごく嫌がられるだろうね。それでも頭の中にbrain脳がないよりはましだけど……。

cerebralは'脳の'という意味の形容詞だよ。cerebral deathは時々社会問題になったりもする'脳死'のことだよ。

頭からちょっと下りてくるとforehead額が待っている。しょっちゅう顔をしかめてると、wrinklesしわができるよ～。

ところで僕は顔をしかめないけど、よく目が笑ってしまって大変なんだ。目じりにしわがじりじり。どうしようもないんだ。ニコニコ目は父から受け継いだ遺産legacyなんだから。フフフ。

・Moon-Duk wears a smile in his eyes. ムン・ドクは目でそっと笑う。

額の下に小さな茂みがあるだろ？　それをeyebrowまゆげというんだよ。eyeとblowが合わさったから、言葉通り'目の額'だね。おお、言葉になってるな～。

まゆげのすぐ下で熱心にパチパチしてるblinkやつが、まさしくeyelidまぶただ。一方のeye目だけパチッとさせることは、winkウィンクだよね。

・She winked at me. 彼女が僕にウインクした。

crow's feet

'目じりのしわ'という意味で、カラスの足のようにしわが入ることに由来する表現なんだ。

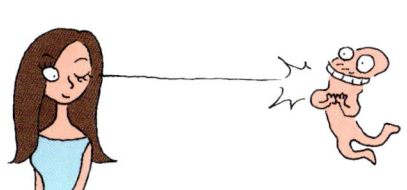

head [hed]　hair [hɛər]　brain [brein]　cerebral [sérəbrəl]　cerebral death [sérəbrəl deθ]
forehead [fɔ́(:)rəd]　wrinkles [ríŋkəlz]　eyebrow [áibràu]　eyelid [ailid]　eye [ai]　wink [wiŋk]

11

ところで、僕にdouble (fold) eyelid 二重まぶたの手術をしたのかって聞く人がたまにいるんだけど、そんなに疑うんだったらeyelash まつげをみんな抜いてやるぞ。僕は**生まれつき**innateなんだ。

お父さん、お母さん、ありがとう。お金節約したよ〜。

その次はnose 鼻！　breathe 息を吸うするのに全く休む暇もないだろ。それから鼻の下に小さく空いている洞窟が、まさしくnostril 鼻の穴だ。もし友だちのnostrilから水がずっと出てきたら、こう言ってやろう。"You have a runny nose. Blow your nose." 鼻水がズルズル出てるぞ。ちょっと鼻をかめよ。

退屈でどうしようもないときには、こんないたずらをしてみるのはどうかな。

"I want to pick my nose." 鼻くそをほじくりたい。

うわ！きったない！　悪趣味なムン・ドク〜。はいはい、わかりましたよ。もう言わないからって。T-T　続けたら鼻血が出るほど殴られそうだ。

snub nose 上を向いた鼻
strawberry nose イチゴ鼻
aquiline nose ワシ鼻

Snub nose

Strawberry nose

aquiline nose

鼻からcheek 頬を過ぎて横に行くと、ear 耳が出てくるだろ。えっ、earなんてないって？　じゃ、メガネもかけられないじゃない。フフフ。

世の中で一番ばかなのは、**耳掃除して**pick one's ear、耳から血を出す奴だ。そうやって耳が聞こえなくdeafなったら、どう

double (fold) eyelid [dʌ́bəl (fould) aílìd]　eyelash [áilæ̀ʃ]　nose [nouz]　breathe [briːð]
nostril [nástril]　cheek [tʃiːk]　ear [iər]

するんだ。まあ、最近ではいい**補聴器**hearing aidがたくさん出てるって話だけどね。^^;

あ〜、なんで顔にこんなにたくさん部品が付いてるんだろう。

あっ、そうだ！ **facial hair**ひげを忘れてたよ。**moustache**口ひげを一度伸ばしてみてよ。マリオみたいにね。じゃなければいっそ**jaw**あごに**beard**あごひげを伸ばすのはどう？ それも嫌なら、**エルビス・プレスリー**Elvis Presleyのように**sideburns**もみあげでも!!!

さあ、ご飯を食べたりキスをするときに使う**mouth**口に行ってみよう。mouthは'口'という意味の名詞、'口の'という意味の形容詞は**oral**だ。

こんな言葉があるだろう。'オーラル○○○！'どういう意味かって？知らない、知らない、知らないってば〜。

さっ、気分を変えて次に行くぞ。

口を覆っている囲いがまさしく**lip**唇だ。口の中に入ると、まずは**tongue**舌が見えるね。それから**teeth**歯と**gums**歯茎もあるよね。ない人はすぐに**dentures**入れ歯を作ることだ。

歯茎が弱い人たちに言っておくけど、ガムを噛むときは要注意しろよ。友だちがガムを噛んでいて歯が抜けたのを、僕は目撃したんだ。あきれたよ……。^^

親知らず様…

僕は親知らずがlove teeth〔訳者注：韓国語では親知らずを'愛の歯'と表現する〕と思っていたんだけど、調べてみると**wisdom teeth**なんだって。知恵がつく頃に出てくる歯が、親知らずらしい。だからって、「じゃ、僕の歯は全部親知らずってことにする」なんて言う奴、いるだろ！

おいおい、冷静になれよ。

・I cut a wisdom tooth. 親知らずが生えた。
・I had a wisdom tooth pulled (out). 親知らずを抜いた。

teethが複数形だ
toothの複数形はteethだぞ。toothsなんて言ったら、歯をみんな抜いてやるからな〜。

犬歯は？
犬歯は英語でcanine teethっていうんだけど、ここでcanineは'犬科の'という意味。私たちも犬歯というように、英語でも同じなんだね。肉食動物は犬歯が発達しているので、そう呼ぶようだ。

---

facial hair [féiʃəl hɛər]　moustache [mʌ́stæʃ]　jaw [dʒɔː]　beard [biərd]　sideburns [sáidbəːrnz]　mouth [mauθ]　oral [ɔ́ːrəl]　lip [lip]　tongue [tʌŋ]　teeth [tiːθ]　gums [gums]　dentures [déntʃərz]　wisdom teeth [wízdəm tiːθ]

それからもう1つ！ 奥歯は英語で何ていうかな？ 答えは、**molar**だ。よく覚えておこうね！

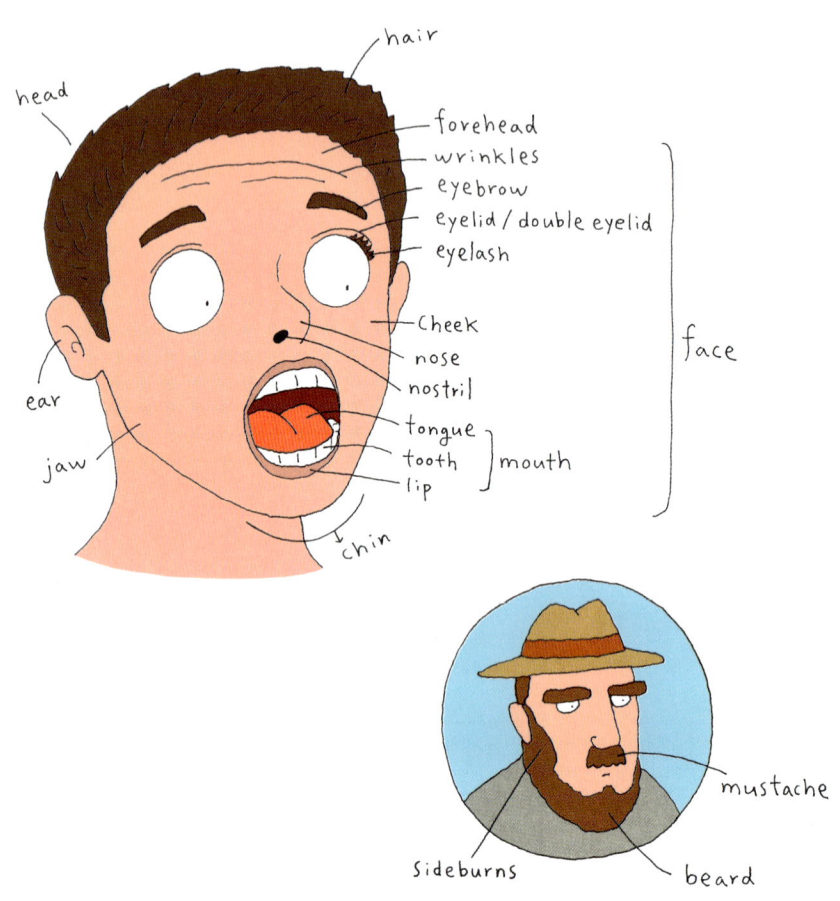

molar [móulər]

◆◆ 体の中 ◆◆

さあ！ 今度は口を開いて口の中へと本格的な洞窟探検に出発しよう！

舌の内側に行ってみると、**tonsils** 扁桃腺が **throat** 喉の入り口でしっかりと構えているね。医者じゃない限り、あんまり専門用語ばかりだとつまらないから、ほかのものを見ていこう。

五臓六腑って言葉、聞いたことあるよね？　五臓とは **heart** 心臓、**liver** 肝臓、**lungs** 肺、**kidneys** 腎臓、**spleen** 脾臓を指すんだ。みんな人の命に **vital** 不可欠なものばかりだから、しっかりチェックしておけよ。

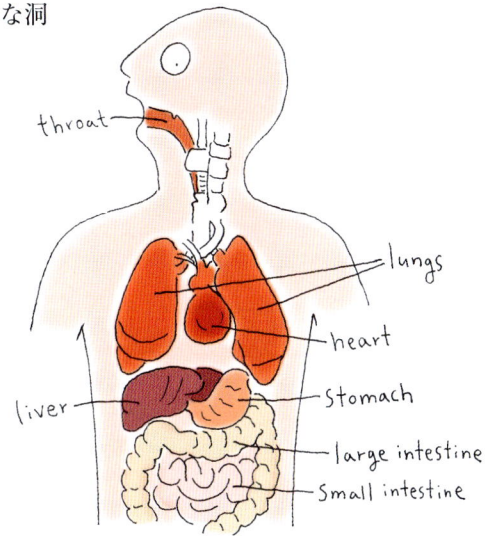

身体臓器のうち、**stomach** 胃がどれほど重要か知っているだろ？　胃は食べ物を **digest** 消化して、栄養分を体全体に供給するために一生懸命働いているところだからね。このような器官を **alimentary organ** 消化器官というのさ。物を食べてよく胃もたれしたりうまく消化できなかったら、こう表現するんだぞ。

"I'm suffering from indigestion." 消化が悪いんだ。

腸は英語で **bowels** または **intestines** という。これは大きく2種類、すなわち **small intestine** 小腸と **large intestine** 大腸に分けられる。

それから僕たちの知っている'盲腸'は、厳密には'虫垂'っていうんだけど、**appendix** という。appendixは本の'付録'っていう意味もあるんだけど、2つとも重要な部分にそっとひっついているところが、共通点だね。なるほど、なるほど〜〜。

> **語根pend 'ぶら下がる'**
> 語根pendは'ぶら下がる'(hang)という意味なんだ。だからappendixはpendと方向(to)を表すad-（ap-はad-の変形だ）が合わさって、横にぶら下がるもの、つまり'付録、虫垂'を意味するんだ。

---

tonsils [tánsɪlz]　　**throat** [θrout]　　**heart** [hɑːrt]　　**liver** [lívər]　　**lungs** [lʌŋs]　　**kidneys** [kídnis]
spleen [spliːn]　　**vital** [váitl]　　**stomach** [stʌ́mək]　　**digest** [didʒést]
alimentary organ [æ̀ləméntəri ɔ́ːrgən]　　**bowels** [báuəls]　　**small intestine** [smɔːl intéstin]
large intestine [lɑːrdʒ intéstin]　　**appendix** [əpéndiks]

そして大腸の一番先で世の中につながっている出口が、まさしく**anus**肛門だね。単純にassともいうよ。ここからすごい音がしたら、それはほかならぬ**break wind**おならをするしたってことだ。

ウェッ！　くっさ〜い。

◆◆ 上半身 ◆◆

さっきは口から入って体の中を見たから、**neck**首の下の体は全然見られなかったね。首から下りてくる途中で、**shoulder**肩が出てくるだろ。さらに下りると**arm**腕、**elbow**肘、**hand**手がある。

この elbow には、何でいつもこんなに**垢**dirtがいっぱい溜まるんだ!!

手もよく見てみると、結構複雑なんだ。握り締めると**fist**こぶしになって、上に向けてばっと開くと**palm**手のひらが見える。

じゃ、突然だけど……。
"Let me read your palm." 私が手相を見てあげよう。
うーん、
"You are doomed to die young." 早死にする相だね。
クックック。

手の先に付いているのが、**finger**指だね。じゃあ、親指から出発。
thumb親指、**index finger**人差し指、**middle finger**中指、**ring finger**薬指、

twiddle one's finger
アメリカ人はよく指のジェスチャーで感情や状況表現をするんだけど、この表現もまたそんな行動に由来してるんだ。両手の親指を除いた4本の指をお互いに組んで、2本の親指をぐるぐると輪を回すことをいうんだ。'何かを待っていたり、やることなく過ごす'という意味だよ。

---

anus [éinəs]　break wind [breik wind]　neck [nek]　shoulder [ʃóuldər]　arm [ɑːrm]　elbow [élbou]　hand [hænd]　fist [fist]　palm [pɑːm]　finger [fíŋgər]　thumb [θʌm]　index finger [índeks fíŋgər]　middle finger [mídl fíŋgər]　ring finger [riŋ fíŋgər]　pinkie finger [píŋki fíŋgər]

pinkie finger 小指!!

アメリカ人の前でむやみにmiddle fingerを突き出すと、大変なことになることは知っているね？^^

指を保護する硬い**nail** 爪！　僕はマニキュアをしている女性を見ると、すっごく真似したくなるんだ。

えっ、僕の中に女が？

・Moon-Duk got a manicure. ムン・ドクは爪にマニキュアを塗った。

おお！もう最後か？　もう一度、首に戻ってみよう。

首から垂直に下りてくると**chest** 胸にぶつかる。**breast**は特に胸の前側、すなわち乳房を指す。bosomも同じ表現だよ。もうちょっと下りてみようか。

わあ、**belly button** へそがあるぞ。

ところで、普通は人のお腹を**stomach**っていうだろ。abdomenも同じ意味だよ。おじさんたちのでっぷりと出たお腹は、**potbelly**っていう。

もしかして、その中にすでに臨月を迎えた子どもが?!

実はお腹がでっぷりしてるのは、お腹の中に**hypodermic fat** 皮下脂肪が溜まるからなんだって。

僕はって？　僕は若いお兄さんなんだから、あるわけないだろ！

この話題、これまで！　stop〜〜〜!!!

では、さっさと**ribs** 横腹に移るぞ。sideも横腹を意味するんだよ。

nail [neil]　**chest** [tʃest]　**breast** [brest]　**belly button** [béli bʌ́tn]　**stomach** [stʌ́mək]
potbelly [pɑ́tbèli]　**hypodermic fat** [hàipədə́ːrmik fæt]　**ribs** [rib]

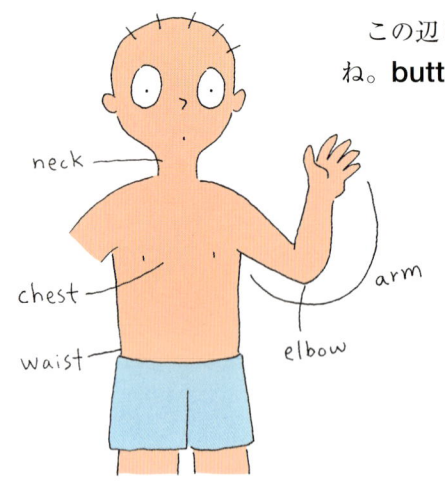

この辺りでbust胸－waist腰－hipヒップが出てくるね。buttocksは'おしり'っていう感じで使う単語だ。椅子に座るときにクッションがよければ、それはおしりのbone骨にflesh肉がたくさん付いているからだ。

fleshじゃなくてmuscle筋肉だって？ おしりの筋肉？ ブハハハハ～～。

carnalは'肉の、肉体の'という形容詞だよ。

ところでbuttocksからは、なんでこう味噌の匂いがするのかな？ ヒヒヒ。

さあ！ さっさと次に移るぞ！

◆◆ 生殖器官 ◆◆

おしりの前側にはreproductive organs生殖器官があるんだけど……。

うーん、ここの説明はちょっと照れるな。でもみんなの単語力増進のために、ムン・ドクが特別に話すことにするから、恥ずかしがらずにちゃんとついて来るんだぞ。

male男性の生殖器はpenisっていって、female女性の場合はvaginaっていう。

ところで、映画「クリスティーナの好きなコトThe Sweetest Thing」の中で、女性主人公クリスティーナ役のキャメロン・ディアスが、男性の性器をテーマにして歌を歌うんだけど、知ってる？ 実はその歌が、〈Peanut's Song〉なんだ。

どうしてPeanut's Songかって？

bust [bʌst]　**waist** [weist]　**hip** [hip]　**buttocks** [bʌ́təks]　**bone** [boun]　**flesh** [fleʃ]　**muscle** [mʌ́səl]　**carnal** [kɑ́ːrnl]　**reproductive organs** [rìːprədʌ́ktiv ɔ́ːrgən]　**male** [meil]　**penis** [píːnis]　**female** [fíːmeil]　**vagina** [vədʒáinə]

男性の生殖器がpenisだろ。その発音がpeanutと似ているからだってさ。^^;

　睾丸は普通、**testicles**っていうんだ。ボールみたいだからballsともいうんだけど、上品な言葉じゃない。まあ、頭に入れるだけ入れておいてよ。
　多分、2つあるから複数形でtesticles, ballsっていうんだろうな。学生の中にはこんな言葉ばかり覚えたがる奴がいるけど、後で変態pervertなんて言われないように注意しろよ。

　女性の生殖器は男性よりもずっと複雑なんだ。
　まず男性にはない**womb**子宮もある。**ovaries**卵巣もある。**oval**は'卵形の'という意味の形容詞だけど、女性と関係のある単語には、ovという綴りがよく入るんだよ。アメリカ大統領の執務室をthe Oval Officeっていうんだけど、僕は最初'卵屋さん'だとばかり思ってたんだ。
　Times誌に、ホワイトハウスの執務室の写真がよく出てくるんだけど、実際に卵のような形なんだ。だからthe Oval Officeっていうのさ。

　periodは女性の月経を指す。menstruationも同じ意味さ。
　男性にはどうしてこれがないのかな？　世の中はホント、不公平だ!!
　それはそうと、すれ違うアメリカ人女性に突然ビンタを食らいたいという変態じみた衝動に駆られたら、こう聞いてみよう。
　"Are you having your period right now?"　今、生理中ですか？
　すぐにimmediatelyハイヒールで頭に穴が空くぐらい殴られると思うよ。^^とっても失礼な言葉だからね。
　そこで、女性に役立つ表現を、1つお教えしよう。

testicles [téstikəl]　　womb [wu:m]　　ovaries [óuvəris]　　oval [óuvəl]　　period [píəriəd]

生理痛がひどいときは、どう言ったらいいか、気になるだろ？　そういうときは、こう言うんだ。

"I have terrible cramps today." 今日は生理痛がとてもひどいんです。

ムン・ドクがどうしてそんなことを知ってるかって？

tampon タンポン、**PMS** 生理前症候群、**miss a cycle** 生理の周期が合わない

エッヘン、僕はこんな言葉まで知っているんだもんね。

接頭語im-は否定の意味
接頭語im-はin-やil-のように否定（not）の意味だ。impotentでpotentは'強力な'という意味だから、im-がついて'無力な、不能の'という意味になるんだ。

もし生殖器官に異常があって子どもができにくいときは、**sterile** 不妊のという。もともとは、'（土地が）不毛の、とても痩せている'っていう意味

なんだけど、子どもがお腹の中で育つということを考えてみれば、十分に理解できるだろ。男性に生殖能力がないとか、性交不能の状態は、**impotent**という単語を使うんだよ。

さあ、練習してみよう。
"I'm impotent."
今、これを言った人〜。ホント、可哀そう。まだ若いのに。

接頭語mis-は'誤った（wrong）'という意味だ。miscarriageはmis-に'運搬'という意味のcarriageがついて、'流産'という意味になるんだ。

pregnancy 妊娠した状態の初期胎児を**embryo**というんだ。病院に行って子どもを下ろすことを、**abortion** 中絶という。それから、何か問題があって子どもが自然に流れてしまった場合には、**miscarriage** 流産っていうんだ。そして、子どもが死んだ状態で生まれるのは、**still birth** 死産だ。

あーあ、可哀そうだな……。

'胎芽複製'っていう言葉を聞いたことがある？　これは**embryo cloning**のことだ。**clone**は'複製人間'という意味。

tampon [tǽmpɔn]　**sterile** [stéril]　**impotent** [ímpətənt]　**pregnancy** [prégnənsi]　**embryo** [èmbriá]　**abortion** [əbɔ́ːrʃ‌ən]　**miscarriage** [mìskǽridʒ]　**still birth** [stil bəːrθ]　**embryo cloning** [èmbriá klóuniŋ]　**clone** [kloun]

◆◆ 下半身 ◆◆

アメリカの**メジャーリーグ**Major Leagueで活躍している韓国の**強打者**slugger チェ・フィソプ選手（ロサンゼルス・ドジャーズ）は、**thigh** 太もものサイズが29.5インチ（およそ75cm）らしい。オー・マイ・ガッ!!! ウエストが3つあるようなもんじゃないか！ すっげ〜。

太ももからさらに下がると、**knee** 膝があるね。あ、**lap**という言い方もあるぞ。lapは'膝'という意味だけど、それは「私の膝にお座り」というときに使う膝だ。**ラップトップ**laptopを載せて使う場所だから、どこかわかるだろ？

・I sat on my daddy's lap and he screamed in pain. パパの膝に座ったんだけど、パパが痛がって悲鳴を上げた。

トホホ。

膝といえば常に**joint** 関節が思い出されるんだよな。

叩かれたら涙が出るほど痛い脛（すね）は**shin**だ。覚えられなかったら、友だちに足でちょっと蹴ってくれって言ってみろよ。多分すぐに覚えられるぞ。^^

足で、よく怪我をするところというと、どこかな？ そう、**ankle** 足首だ。特にサッカーをしていて下手をすると、足首をくじくこともあるよね。

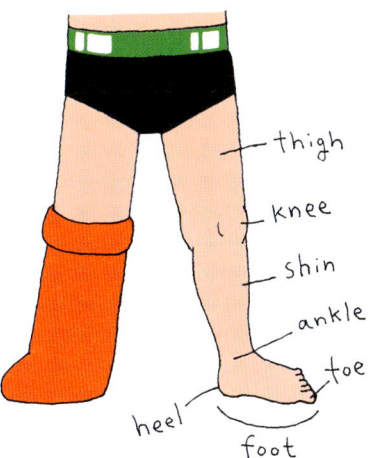

foot 足には面白い部位がいろいろあるんだ。足の指は英語で**toe**というんだ。

thigh [θai]　knee [ni:]　lap [læp]　joint [dʒɔint]　shin [ʃin]　ankle [ǽŋkl]　foot [fut]
toe [tou]

それから、かかとが**heel**ということは、みんな知っているだろ。15cmのハイヒールを履いておきながら、heelという単語も知らない女性がいたら、おバカさんだよ。^^;もちろんもっとバカは、そんなものを履いて登山する人だ。

人の'唯一の弱点'を**achilles heel**っていうんだけど、achillesはギリシャ神話に出てくる英雄で、その人はかかとが唯一の弱点だったそうだ。そこに矢を射られて死んだので、こう呼ばれるようになったんだ。

かかとの上に少し上っていくと、血管が浮いてるところがあるだろう。そこからふくらはぎの真ん中ぐらいを**achilles tendon** アキレス腱という。かかとのあたりには、どうして垢がこんなに溜まるのかな。垢すりに行ってそこの垢をすったら、スーッとするぞ！

heel [hi:l]　　**achilles heel** [əkíli:z hi:l]　　**achilles tendon** [əkíli:z téndən]

単語暗記ノート

cell 細胞

chromosome 染色体

gene 遺伝子

tissue 組織

organ 器官

blood vessel 血管

artery 動脈

vein 静脈

顔

head 頭

hair 髪の毛

brain 脳

cerebral 脳の

cerebral death 脳死

forehead 額 = brow

wrinkles しわ = lines

eyeblow まゆげ

eyelid まぶた

eye 目

wink ウインク
- She winked at me. 彼女が僕にウインクした。

double(fold) eyelid ・二重まぶた

eyelash まつげ

nose 鼻
- snub nose 上を向いた鼻、しし鼻
  strawberry nose イチゴ鼻
  aquiline nose ワシ鼻

breathe 息を吸う = respire
- exhale 息を吐く
  inhale 息を呑む
- breath 息、呼吸

nostril 鼻の穴

cheek 頬

ear 耳

facial hair ひげ
- goatee (あごの下の) やぎひげ
- I have a beard. ひげを伸ばしている。
  I shave every morning. 毎朝ひげを剃る。
  He is unshaven. 彼はひげを剃らない。

moustache 口ひげ、ひげ = mustache

jaw あご
- chin あご先

beard あごひげ

sideburns もみあげ

mouth 口

oral 口の

lip 唇
- My lips got chapped. 唇がひび割れしている。

tongue 舌

teeth 歯
- tooth 歯（単数）

gums 歯茎

dentures 入れ歯

wisdom teeth 親知らず
- canine tooth 犬歯
  decayed tooth 虫歯
  projecting tooth 入れ歯
- I cut a wisdom tooth. 親知らずが生えた。
- I had a wisdom tooth pulled (out). 親知らずを抜いた。

molar 奥歯

体の中

tonsils 扁桃腺

throat 喉

heart 心臓
- cardiac 心臓の

liver 肝臓

lungs 肺
- pulmonary 肺の

kidneys 腎臓

spleen 脾臓

vital 不可欠な

stomach 胃

digest 消化する

alimentary organ 消化器官

bowels 腸 ＝intestines

small intestine 小腸

large intestine 大腸

appendix 盲腸、付録
- pend 'ぶら下がる'
  appendix : ad（方向to）＋pend（ぶら下がる）→付録、虫垂（横にぶら下がる）
  suspend : sub（下）＋pend（ぶら下がる）→ぶら下がる、中止する
  impending : im（中）＋pend（ぶら下がる）→差し迫った

anus 肛門＝ass

break wind おならをする＝fart
- pooh 鼻を鳴らすこと、フーン[ヘン]と言うこと
  belch ゲップ＝burp

上半身

neck 首

shoulder 肩

arm 腕

elbow 肘

hand 手

fist こぶし

palm 手のひら
- Let me read your palm." 私が手相を見てあげよう。

finger 指

thumb 親指

- He is all thumbs.　彼は不器用だ。
- thumb down　拒絶する

index finger　人差し指

middle finger　中指

ring finger　薬指

pinkie finger　小指 = little finger

nail　爪

chest　胸

breast　乳房 = bosom

belly button　へそ = navel

stomach　胃、腹部 = abdomen
- I have a stomachache.　お腹が痛い。
- My stomach feels bloated.　お腹が張っている。
  = I feel bloated.

potbelly　太鼓腹

hypodermic fat　皮下脂肪

ribs　横腹 = flank, side

bust　胸

waist　腰

hip　ヒップ

buttocks　おしり

bone　骨

flesh　肉

muscle　筋肉

carnal　肉の、肉体の

- bodily　肉体の＝physical, corporal

生殖器官

reproductive organs　生殖器官

male　男性

penis　（男性の）生殖器

female　女性

vagina　（女性の）生殖器

testicles　睾丸 = balls

womb　子宮

ovaries　卵巣

oval　卵形の

period　月経 = menstruation

tampon　タンポン（挿入型生理用品）
- pad　生理用ナプキン＝sanitary napkin

PMS　生理前症候群 = Premenstrual Syndrome

miss a cycle　生理の周期が合わない（遅れたり飛び越えたりする場合）

sterile　不妊の = barren
- sterile couple　不妊夫婦

impotent　性交不能者

pregnancy　妊娠

embryo　胎児

abortion　中絶

miscarriage 流産
- 接頭語mis- 誤った（wrong）
  miscarriage：mis-（誤った）＋carriage（運搬）→流産
  mislead：mis-（誤った）＋lead（導く）→だます
  misgiving：mis-（誤った）＋give（与える）→心配（よくないものを与えること）
  misunderstanding：mis-（誤った）＋understanding（理解する）→誤解する

still birth 死産

embryo cloning 胎芽複製

clone 複製人間

下半身

thigh 太もも、大腿部

knee 膝
- kneel ひざまずく
- knell （特に死の）鐘の音
  knoll 円丘

lap 膝
- I sat on my daddy's lap and he screamed in pain. パパの膝に座ったんだけど、パパが痛がって悲鳴を上げた。

joint 関節

shin 脛

ankle 足首
- I sprained my ankle. 足首をくじいた。

foot 足

toe 足の指

heel かかと

achilles heel 唯一の弱点

achilles tendon アキレス腱

▶ さらに知っておきたい単語

appearance 外見　**cripple** 体を不自由にする　**complexion** 顔色　**dimple** えくぼ　**earlobe** 耳たぶ
limb 手足　**nerve** 神経　**pulse** 脈拍　**skeleton** 骸骨　**slobber** よだれ　**the disabled** 障害者

02 >>> 体の状態

どうして僕は 太った人が好きか

じゃ、今から私たちの体が見せてくれるさまざまな状態を見ていこう。すごく**tired**疲れただって？ だからパソコンの前で徹夜する stayed up all night なって言ってるだろ！ 僕はこの原稿を書くのに大変な思いをしてるから、**fatigue**疲労をすごく感じてるんだ。いくら**physical stamina**体力に自信があるからといっても、いつかは**exhausted**消耗したするからね。

それでもみんなの単語力を向上させなけりゃいけないという使命感のために、**nap**昼寝はほんの5時間程度にして、一生懸命書いていくつもりだ。だから褒めてね〜。^^;

---

tired [taiərd]　**fatigue** [fətíːg]　**physical stamina** [fízikəl stǽmənə]
exhausted [igzɔ́ːstid]　**nap** [næp]

ああ、急に体がナメクジになったように**lethargic**けだるいな感じで**drowsy**眠いになったなあ。ちょっとだけ**doze**居眠りして、また書かなきゃ。
・I was so tired that I fell into a doze. とても疲れてうっかり眠ってしまった。

ああ、ちょっと寝たから少しは**refreshed**すっきりしたしたな。原稿が書き上がったら、僕も**fitness club**ヘルスクラブに行って**body building**ボディービルをして、ナイスバデーにならないとな。クックック。

どうして女性は**well-built**体格のよい男性が好きなのかな？　多分、いつか自分を抱き上げてもらいたいと思ってるからだろうな……。まあでも、そういう女性に限って相当**overweight**太っているだから、たまらないね。

overweightは同義語もすっごいいっぱいあるんだ。**fat, corpulent, obese, stout, plump**など。背が低くて太った人には、**tubby**というんだ。［トビー］って発音するんだよ。

今、僕の話してるの？
ホビット→

fatという言葉に注意！

'太っている'と言うとき、私たちはfatという単語をよく使うよね。fatは'豚みたいにブクブクと太った'という意味なんだ。'太っているという言葉はみんな嫌い'と言う女性も多いだろうけど、ぽっちゃりして可愛く見えるという意味の肯定的な言葉であるchubbyやbuxomはちょっとましだと思うよ。

最近、みんな**go on a diet**ダイエットするして**lose weight**痩せるしようと、大変だよね。**slender**ほっそりしているな人が人気だから、そんなことになってるようだ。でも**chubby**丸ぽちゃな女性がもっと美しく見えるってことも、あるんだよ。

buxom肉付きがいい、胸が豊かなも、女性が健康で魅力的に見えるときに使う単語だ。特に胸の大きい女性を言うときとか。

lethargic [liθá:rdʒik]　　drowsy [dráuzi]　　doze [douz]　　refreshed [rifréʃed]
fitness club [fítnis klʌb]　　body building [bádi bíldiŋ]　　well-built [wélbílt]　　overweight [óuvərwèit]　　tubby [tʌ́bi]　　lose weight [lu:z weit]　　slender [sléndər]　　chubby [tʃʌ́bi]　　buxom [bʌ́ksəm]　　starve [sta:rv]　　vomit [vámit]

お願いだから、あんまり痩せようとしていつも**starve**飢えるしたり、いっぱい食べて足の指を口に入れて**vomit**吐くするそんなグロテスクな女になるなよ！特に犬はちょっと肉が付いているほうがいいんだよ。もし犬が愛玩動物petのチワワのように、肉もほとんどない**bony**痩せこけたなら、可哀そうじゃないか。まるまるとしたワンコがずっと可愛いよね。

太った人でも痩せた人でも、大切なのは**sound**健康なでなけりゃならないってことさ。**good for your health**健康によいな食べ物をたくさん食べて、**healthy**健康なになろうよ。体つきは**大きい**bulkyのに、肝心の体が**frail**虚弱なだったら、何にもならないだろ。

僕もまだ若者だから**vigorous**精力的なだけど、年をとったら当然**decrepit**老衰したになるんだろうな。そのときになったら、どうやって授業をしたらいいのか心配だ。チョークもよく落として、多分英単語の授業もろくにできないようになって、こう叫んで辞めてしまうかもね。

「丸ごと覚えろ〜」

bony [bóuni]　**sound** [saund]　**healthy** [hélθi]　**frail** [freil]
vigorous [vígərəs]　**decrepit** [dikrépit]

単語暗記ノート

tired 疲れた = weary, exhausted

fatigue 疲労

physical stamina 体力

exhausted 消耗した

nap 昼寝

lethargic けだるい = sluggish, indolent, languid

drowsy 眠い = sleepy

doze 居眠りする
- I was so tired that I fell into a doze. とても疲れてうっかり眠ってしまった。

refreshed すっきりした

fitness club ヘルスクラブ = gym

body building ボディービル

well-built 体格のよい

overweight 太った = fat, corpulent, obese, stout, plump

tubby 背が低くて太った
- ずんぐりしている stubby, stocky

go on a diet ダイエットする

lose weight 痩せる
- gain weight 太る

slender ほっそりしている = slim
- willowy すらっとしている

chubby 丸ぽちゃな

buxom 肉付きがいい、胸が豊かな（胸の大きい女性を言うときに使う）

starve 飢える

vomit 吐く

bony 痩せこけた、痩せ細った
- 痩せた thin
- 痩せこけた skinny, lean, gaunt

sound 健康な

good for your health 健康によい

healthy 健康な
- healthy diet 健康食（この表現のように、慣用的に固定した表現ではhealthyも'健康によい'という意味で使われる）

frail 虚弱な
- 弱い weak, infirm, feeble
- 病弱な invalid

vigorous 精力的な = energetic, animated

decrepit 老衰した

03 >>> 病気

僕は願う、
頭にフケのない世界を

◆◆ illnessとdisease ◆◆

心臓病はheart diseaseというかな？ それともheart illnessというかな？ そう、その通り。**heart disease**だよ。

diseaseは具体的に病名を指すときに使って、**illness**は体の具合が悪いときの病気を指す場合に使うんだ。軽い病気は**slight illness**というんだけど、**slight ailment**といってもいいんだよ。

・suffer from a serious illness 重病になる

接続語dis-は否定の意味

接続語dis-は'否定（not）'の意味だ！ したがってdiseaseは'ease（安らかだ）ではない（dis-）'、すなわち'安らかではない'の意味なので、'病気'を意味するんだね。

・dis(not)＋order（秩序）
→無秩序（disorder）

heart disease [hɑ́ːrt dizíːz]　disease [dizíːz]　illness [ílnis]　slight illness [sláit ílnis]

31

diseaseはいろんなsymptom症状を誘発するよね。

僕たちがcatch a cold風邪を引くになれば、headache頭痛もしてfever熱も出るけど、これらがみんなcold風邪のsymptomだ。

一番イライラするsymptom of cold風邪の症状としては、どんなものがあるかな？

当然、have a runny nose鼻水がズルズル出るだろうね。みんなが見ているのにwipe拭くすることもできず、そうかといってsniff鼻をすするすることもできず。そんなときは、ほかの人を無視してblow your nose鼻をかむしようよ。

このほかの風邪の症状としては、have a sore throatのどが痛いやclear your throat咳払いをするもあって、風邪がもっとひどくなるとhave a bad cough咳をひどくするまであるんだもんね。みんなも風邪に気をつけてね～。

◆◆ エイズ ◆◆

恐ろしい病気の中に、AIDSがあるよね。何の略字か、知ってる？　たまに、Always I Do Sexの略字だって言い張る人たちがいるけど、エッヘン！　こんなことで冗談を飛ばしちゃダメだ！　エイズは、Acquired Immune Deficiency Syndromeの略字だ。

symptom [símptəm]　　headache [hédèik]　　fever [fíːvər]　　runny [ráni]　　wipe [waip]　　sniff [snif]
blow [blou]　　sore [sɔːr]　　cough [kɔ(ː)f]　　AIDS [eidz]

Acquired 後天性 **Immune** 免疫 **Deficiency** 不全 **Syndrome** 症候群

　AIDSが何の略字なのか、もうわかっただろ？　知ってるだけでいいぞ。体で体験するのは厳禁！
　先天性染色体異常症の一種に**Down syndrome** ダウン症候群というのがある。この病気は**amentia** アメンチア（知的障害）や**dementia** 認知症などの症状が現れるそうだ。

　日常生活でくだけて「頭の空っぽな人」って言うときは、**bimbo**や**ditz**を使うってことを知っておこう。

　今度は病気のいろんな**類型**typeについて見てみよう。

◆◆ 病気の症状と類型 ◆◆

　もしある症状が急にひどくなったら**acute** 急性のっていって、長期間にわたって現れたら**chronic** 慢性のっていうんだ。**inveterate**や**deepseated**も同じ意味だそうだ。**athlete's foot** 水虫のような小さな病気があるかと思えば、**cancer** 癌のような**fatal** 致命的なな病気もあるんだ。

・I have athlete's foot. 僕は水虫だ。

　それから、ある病気がある**特定地域や人々** particular region or peopleに限って発生したら、**endemic disease** 風土病といって、広く広まれば widespread **epidemic disease** 流行病というんだ。

・Cholera was endemic in the region. コレラがその地域だけに大流行した。

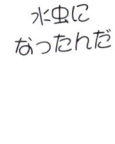

NIMBY Syndrome

NIMBY syndrome（ニンビー症候群）はNot In My Backyardの頭文字をとって作った新造語（neologism）だ。'自分の裏庭にはあってほしくない'という意味なんだけど、一言でいうと嫌な施設は自分の住む地域に入れたくないという地域利己主義だ。

PIMFY syndrome（ピンフィー現象）というのもあって、Please In My Front Yardの頭文字（PIMFY）からきた言葉だ。'自分の前庭に'という意味で、文化施設や政府関連機関など、自分の地域に誘致したら利益になるものを、お互いに持ってこようという利己主義現象のことだ。

Down syndrome [daun síndroum]　　**amentia** [eiménʃə]　　**dementia** [diménʃə]　　**bimbo** [bímbou]
acute [əkjúːt]　　**chronic** [kránik]　　**athlete's foot** [ǽθliːts fut]　　**cancer** [kǽnsər]　　**fatal** [féitl]
endemic disease [endémik dizíːz]　　**epidemic disease** [èpədémik dizíːz]

語根dem '人'

語根demは'人'という意味だ。epidemicを見てみると、epiは'上'という意味だから、人々に広がるもの、つまり'流行の'という意味になるのさ。

demo（人）＋cracy（統治）
→民主主義（democracy）

また**空気** air のような**媒介体** carrier を通してほかの人にうつったら、**infectious disease** 伝染病で、直接身体**接触して** by touch うつったら**contagious disease** 接触性伝染病だ。

伝染病といえば、14世紀に全ヨーロッパに**蔓延** prevalent した**pest** ペスト、黒死病も無視できないよね。**the Black Death** 黒死病としても知られてるだろ。

pestilence 疫病も同じ言葉だ。伝染病患者を収容するところは、**isolation ward** 隔離病棟ということを覚えておこう。

癌 cancer のように**症状** symptom がすぐに現れず、すごく時間が経ってから発病する病気のことは**insidious disease** 潜行性疾患というんだ。潜伏期間は**latent period**だ。AIDSの場合、潜伏期間が**10年** a decade になることもあるらしいよ。

恐ろしい癌

癌をmalignant tumor（悪性腫瘍）と別に表現することもあるんだ。陽性腫瘍はbenign tumorともいうんだ。

じゃ、人が**患う** suffer 病気の種類を具体的に調べてみようか？
さあ、**頭** head から**かかと** heel まで順々にいくぞ。さあ、しゅっぱ〜つ！

---

infectious disease [infékʃəs dizíːz]　contagious disease [kəntéidʒəs dizíːz]　pest [pest]　Black Death [blæk deθ]　pestilence [péstələns]　isolation ward [àisəléiʃən wɔːrd]　insidious disease [insídiəs dizíːz]　latent period [léitənt píəriəd]

| 頭 |

頭に **dandruff** フケがあるって？ ウェ、汚いな。キャハハ。

フケがひどいと **脱毛** loss of hair になって、結局ハゲ bald になるって話もあるぞ。でもあんまり心配しないで、**treatment shampoo** 治療用シャンプーでよく **シャンプー** wash your hair してみたら。

それから、ハゲは病気じゃないんだから、自信を持って生きようよ！^^

頭に一番よく起こるのが、当然 **headache** 頭痛だろ。本当に多くの人がこれで苦労してるよね。一方がすごく痛いと **migraine** 偏頭痛だ。こんなときは **aspirin** アスピリンのような **painkiller** 鎮痛剤を飲まないとね。

・I have a bad headache. 頭痛がとてもひどい。
・This painkiller will relieve the headache. この鎮痛剤を飲むと、頭痛が軽くなります。

dandruff [dǽndrəf]　**treatment shampoo** [tríːtmənt ʃæmpúː]　**headache** [hédèik]　**migraine** [máigrein]　**aspirin** [ǽspərin]　**painkiller** [péinkìlər]

もちろん、頭痛になると苦しいことは苦しいけど、でもmental disease精神病も苦しいよね？^^治療も長くかかって、mental hospital精神病院に行くことになるかもしれないし。
こうして精神病にかかった人を、psycho精神病質者というんだ。

さあ、では目に移ろう。
　eyesight視力が悪い場合はhave bad eyesまたはhave bad eyesightという。具体的に遠くにある物体がよく見えなければ、near-sighted近視のといって、近くの物体がよく見えなければfar-sighted遠視のっていうんだ。医学用語medical termではそれぞれmyopia近視とhypermetropia遠視という。

耳はどうかな？ '耳が聞こえない、耳が遠い' のdeafがあるね。それから耳が痛いときには、earache耳の痛みを使えばいいよ。

接尾語-ache '痛み'
接尾語の連結形-acheは '痛み(pain)' という意味を持っているんだ。だからearacheは '耳の痛み' だ。
・toothache歯痛

口ではやっぱりtoothache歯痛が一番問題だね。だから、decayed tooth虫歯をそのまま放っておかずに、必ず歯医者dentistに行って治療を受けなくちゃダメだろ。scaling歯石除去も定期的にするんだよ。

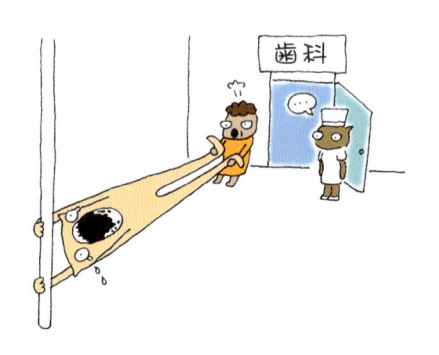

mental disease [méntl dizíːz]　mental hospital [méntl hɑspitl]　psycho [sáikou]　eyesight [áisàit]　near-sighted [nìərsáitid]　far-sighted [fɑːrsáitid]　myopia [maióupiə]　hypermetropia [hàipərmitróupiə]　deaf [def]　earache [íərèik]　toothache [túːθèik]　decayed tooth [dikéid tuːθ]　scaling [skéiliŋ]

そうじゃなくて親知らずwisdom toothのために苦労しているって？　それにはほかに方法がないよ。何があっても歯医者に行って、歯をpull out抜くするしかないよ。う〜痛いだろうな。

口から匂いsmellがして苦労している人も多いだろう。歯を磨いてもbrush your teeth匂いがとれなかったら、口を閉じて生活するしかないかもね。じゃなければ、mouthwashうがいをすることだ。^^

He has bad breath. 彼は口がくさい。

歯磨きやうがい薬を買うとき、役に立つ表現があるんだ。antibacterialは'抗菌の'、antisepticは'防腐剤、消毒剤'、anticavityは'虫歯予防'という意味なんだ。

ああ、これほど痛いところが多かったとは。頭が痛くなっちゃうけど、始まったばかりだから、気をしっかり持っていこう。

|首と胸|

首neckに行くと、どんな病気が待っているかな？

のどthroatがswell腫れ上がるして苦労したことがあるだろう。くそっ、風船balloonでもないのに膨れ上がりやがって、人騒がせな。実はこれは、tonsils扁桃腺が腫れ上がるからなんだ。ひどくなるとtonsillectomy扁桃腺除去手術を受けなくちゃいけないだろうね。

すっごく痛いだろうに。トホホ。

・I have a sore throat. のどが痛いよ。

さてと……。じゃ、下に行ってみることにしよう。

外国でもうがいを？

外国では多くの医師が、歯磨きの後にうがいをすることを勧めているんだ。目に見えない菌をとってくれるからね。このうがい製品にあるsodium fluoride（フッ素）という成分が、これまた重要だ。子どもたちが病院で虫歯予防しようと、フッ素コーティングを受けているのを知っているだろう？　それほど、フッ素の効果が立証されているんだ。そのために、外国では歯茎によい成分の入ったうがい製品が、たくさん出ているそうだよ。

語根tom'切る'

語根tomは'切る'（cut）という意味を持っているんだ。tonsillectomyを見てみると、tonsilsは'扁桃腺'を意味してて、tomが'切る'という意味だから、'扁桃腺除去手術'という意味になるんだ。

・appendix（虫垂）＋tom（切る）→虫垂切開術（appendectomy）

---

pull out [pul aut]　mouthwash [máuθwɔ(:)ʃ]　antibacterial [æntibæktíəriəl]　antiseptic [æntəséptik]　anticavity [æntəkævəti]　swell [swel]　tonsils [tánsɪlz]　tonsillectomy [tànsəléktəmi]

胸chestには心臓heartと肺lungsがあるだろ。heart diseaseが心臓病で、cardiac diseaseともいうよ。

心臓が急に止まったらheart attack 心臓麻痺というんだけど、これがまた危険なんだ。

それからタバコを吸うと、pulmonary disease 肺疾患にかかる可能性があるんだ。だから早く禁煙 quit smokingしろよ。特に続けざまにタバコを吸う人 chain smokerはlung cancer 肺癌にかかるかもしれないんだって。

癌は別の表現では、malignant tumor 悪性腫瘍というんだ。もしtumor 腫瘍が発見されたら、benign tumor 良性腫瘍かmalignant tumorかで大問題になるわけだ。

| 腹 |

普通、お腹が痛いときは一般的に'stomachache 腹痛、胃痛だ'という。もちろん、ここでのお腹は本当にご飯が入るお腹をいうんだ。ちなみに韓国には、他人が自分よりよくなるのを見るとよい気持ちがしないっていう意味で、「いとこが畑を買ったらお腹が痛い」という諺があるんだけど、このときの'お腹が痛い'は、be green with envy ひどくうらやんでいるというんだよ。

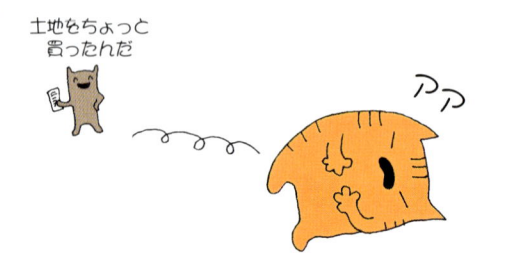

be green with envy

greenというと'緑の、青々とした'の意味と考えやすいけど、形容詞greenが人を修飾すると、'青ざめた、嫉妬深い'という意味になるんだ。だからgreenを嫉妬の色っていうんだ。

英語では'嫉妬深い目'をgreen eyeというんだね。シェークスピア(Shakespeare)の4大悲劇の一つ『オセロ(Othello)』に'緑の目をした怪物(Green-eyed monster)'が出てくるんだけど、まさにこの怪物が'嫉妬の化身'なんだ。だからgreenが'嫉妬に燃えた'という意味でよく使われるようになったんだ。

heart disease [hɑːrt dizíːz]　　heart attack [hɑːrt ətǽk]　　pulmonary disease [pʌ́lmənèri dizíːz]
lung cancer [lʌŋ kǽnsər]　　malignant tumor [məlígnənt tjúːmər]　　tumor [tjúːmər]
benign tumor [bináin tjúːmər]　　stomachache [stʌ́məkèik]

女性の中には、便秘で苦労する人たちが多いよね。**constipation** 便秘を大したことない slight 病気と考える人たちもいるけど、後で **piles** 痔になることもあるらしいよ。怖いだろ？　だから食べたものは、その都度、外に出してやらないとダメだぞ。お腹の中は浄化槽じゃないんだから、いつも詰めていたら汚いじゃないか。この病気、なっても、恥ずかしくて人にも言えないんだから。

便秘は便が出なくて心配だけど、いつでも構わず出てくるのが特徴の奴もいるよな。それが **diarrhea** 下痢だ。下痢するときにその感じを伝えようと、こんな発音なのかな？［ダイオルィ～オ］と発音するんだ。トイレで下痢しながら、ずっと呪文みたいに唱えてみてよ。［ルィ］に強く力を入れてね。［ダイオルィ～オ］［ダイオルィ～オ］^^

有名な病気の中で言うのが気恥ずかしいのがもう1つあるんだけど、sex に関係がある **venereal disease** 性病だ。これは本当に恥ずかしいだろうな。

僕の知り合いのご近所さんの、そのまたいとこに当たる人の隣の住人は（よく知らない人ってこと^^）、**libertine** 放蕩者みたいに **profligate** 乱れた、放埓な生活を

---

constipation [kὰnstəpéiʃən]　　**piles** [pail]　　**diarrhea** [dàiəríːə]　　**venereal disease** [vəníəriəl dizíːz]
libertine [líbərtìːn]　　**profligate** [práfligit]

していて性病にかかって、そのせいで**離婚**divorceしちゃったんだって。そりゃ、奥さんもあきれただろうね。

|外傷|

今までは体の中で**virus**ウィルスや**germ**菌のために**fall sick**病気になるになる病気について主に説明してきたけど、今度は事故などで怪我をした場合の**traumatic injury**（精神的）外傷を見てみよう。

skin disease皮膚病の人がいるよね。多分、**入浴用のタオル**bath towelとか**紙やすり**sandpaperを持って、**垢**dirtをこすってやるって言って襲いかかったら、すっごく怖がるだろうね。へへへ。

ナイフのように鋭い物で切ってできた傷を、**cut**っていってね、それでできた跡を**scar**傷跡っていうんだよ。

僕も**appendectomy**盲腸の手術のために、お腹にscarがあるんだ。もちろん、道を歩いているときに**悪党**scoundrelに冷やかされているきれいなお嬢さんを守るときに喧嘩してできた名誉の傷だって嘘言ってるけどね。ハハハ。^^;;

それから、火事などで火災や熱線などに触れて皮膚が焼けただれてできる**burn**火傷は知ってるだろ？治療のときはものすごく痛いらしいよ。病院で一番大きい悲鳴を上げる人が、火傷の患者だそうだ。だから火遊びみたいなことは、やらないように。

---

virus [váiərəs]　**germ** [dʒɚːrm]　**fall sick** [fɔːl sik]　**traumatic injury** [trɔːmǽtik índʒəri]
skin disease [skin dizíːz]　**cut** [kʌt]　**scar** [skɑːr]　**appendectomy** [æ̀pəndéktəmi]
burn [bəːrn]

ある人が輿sedan chairに乗っていて反対から来た輿にぶつかったとしよう。この事故でどこかが腫れ上がれば、**bruise**打撲傷になって、足や腕が折れれば**fracture**骨折だ。それから、ひどく打って**血管**blood vesselや**心臓**heartなどが**rupture**裂けるするのを**rupture**破裂というんだ。

　僕の友だちの中で、軍隊にいたときに階段から滑り落ちて、木のとがった部分に睾丸をぶつけて、ruptureした奴がいるんだ。

　オオッ、今誰か笑ったね？　友だちに言いつけちゃうからな～。

bruise [bruz]　　**fracture** [frǽktʃər]　　**rupture** [rʌ́ptʃər]

いろんな症状

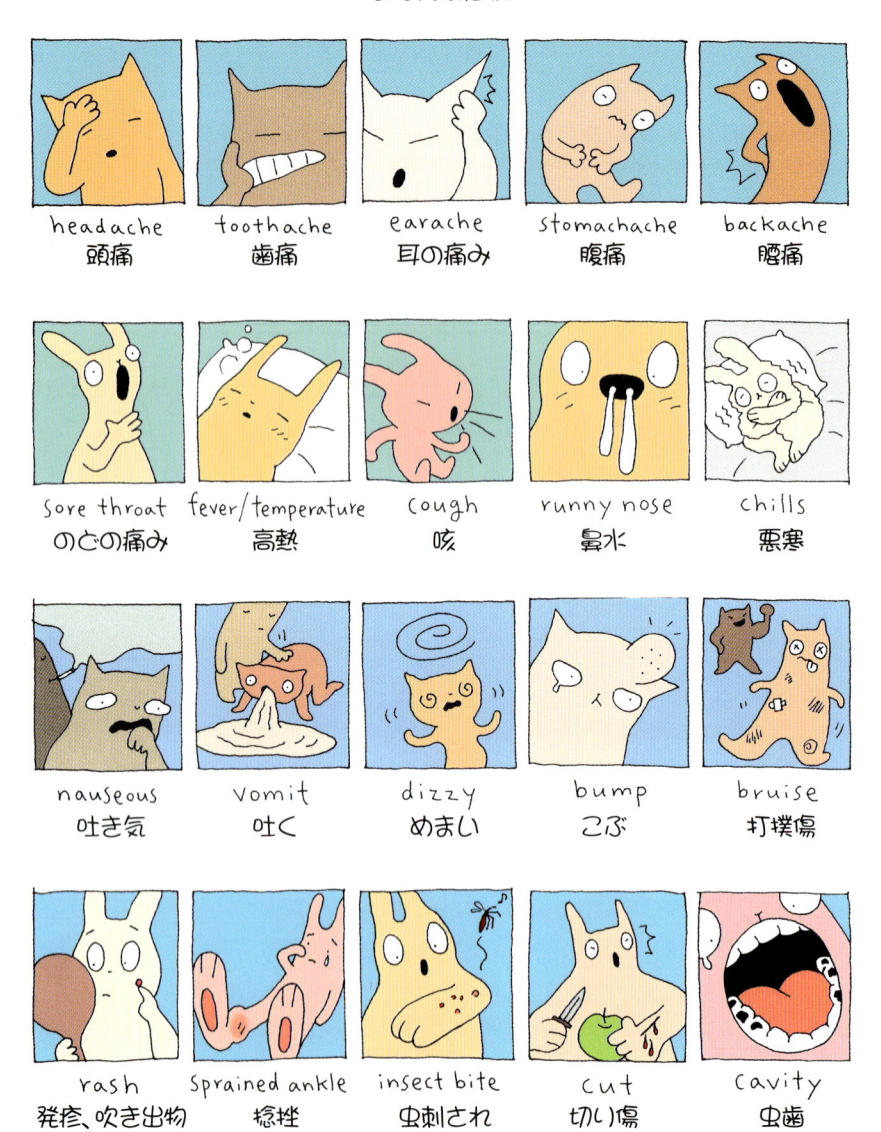

headache 頭痛	toothache 歯痛	earache 耳の痛み	stomachache 腹痛	backache 腰痛
sore throat のどの痛み	fever/temperature 高熱	cough 咳	runny nose 鼻水	chills 悪寒
nauseous 吐き気	vomit 吐く	dizzy めまい	bump こぶ	bruise 打撲傷
rash 発疹、吹き出物	sprained ankle 捻挫	insect bite 虫刺され	cut 切り傷	cavity 虫歯

単語暗記ノート

illnessとdisease

heart disease 心臓病

disease 病気（具体的な病気）
- 病気 illness, ailment, trouble
- 接頭語 dis- 否定(not)
  disease: dis(not)+ease（安らかだ）→ 病気（安らかではない）
  disorder: dis(not)+order（秩序）→ 無秩序
  discomfort: dis(not)+comfort（快適な）→ 不快
  disregard: dis(not)+regard（尊重する）→ 無視する

illness 病気 （体の具合が悪い状態）

slight illness 軽い病気 = slight ailment

symptom 症状
- 接頭語 syn- 一緒に
  symptom: sym（一緒に）+ptom（落ちること）→ 重症
  sympathy: sym（一緒に）+path（感じること）→ 共感
  synchronize: syn（一緒に）+chron（時間）→ 同時に発生する
- syndrome 症候群

catch a cold 風邪を引く

headache 頭痛

fever 熱

symptom of cold 風邪の症状

have a runny nose 鼻水がズルズル出る

wipe 拭く

sniff 鼻をすする

blow your nose 鼻をかむ

have a sore throat のどが痛い

clear your throat 咳払いをする

have a bad cough 咳をひどくする

エイズ

AIDS エイズ = Acquired（後天性） Immune（免疫） Deficiency（欠乏） Syndrome（症候群）
- He was infected with AIDS through a blood transfusion. 彼は輸血によってエイズに感染した。

Down syndrome ダウン症候群

amentia アメンチア（特殊な意識障害で、特に幻覚を伴う）

dementia 認知症

bimbo 頭の空っぽな人 = ditz

病気の症状と類型

acute 急性の

chronic 慢性の
- 慢性の inveterate, deep-seated
- 語根 chron 時間
  anachronistic: ana(back)+chron（時間）→時代錯誤の
  diachronic: dia（通過）+chron（時間）→通時的な
  synchronic: syn（一緒に）+chron（時間）→共時的な
- His disease passed into a chronic state.
  彼の病気は慢性になった。

athlete's foot 水虫
- I have athlete's foot. 僕は水虫だ。

cancer 癌

fatal 致命的な = deadly, lethal

endemic disease 風土病
- endemic 風土性の
- Cholera was endemic in the region. コレラがその地域だけに大流行した。

epidemic disease 流行病
- epidemic 流行性の
- 語根 dem 人
  epidemic: epi（上）+dem（人）→人々に広がった、流行の
  democracy: demo（人）+cracy（当地）→民主主義の
  demography: demo（人）+graph（絵）→人口統計学

infectious disease 伝染病
- infectious 伝染性の
- the spread of infectious diseases 伝染病の拡散

contagious disease 接触性伝染病
- contagious （接触）伝染性の

pest ペスト、黒死病

the Black Death 黒死病

pestilence 疫病 = plague

isolation ward 隔離病棟

insidious disease 潜行性疾患 = latent disease

latent period 潜伏期間
- With a latent period of five to 10 days, the infection can easily spread to other areas. 5日ないし10日間の潜伏期間を経て、その伝染病が他の地域に広がるだろう。

|頭|

dandruff フケ
- My head is itching to death because of dandruff. フケのせいで頭が痒くてたまらないんだ。

treatment shampoo 治療用シャンプー

headache 頭痛
- I have a bad headache. 頭痛がとてもひどい。

migraine 偏頭痛

aspirin アスピリン

painkiller 鎮痛剤
- This painkiller will relieve the headache. この鎮痛剤を飲むと、頭痛が軽くなります。

mental disease 精神病

mental hospital 精神病院 = lunatic asylum, madhouse

psycho 精神病質者 = lunatic

eyesight 視力 = vision
- blind 目の見えない
- deaf 耳が聞こえない
- 視力の種類
  近視の : near-sighted, short-sighted
  遠視の : far-sighted
  斜視の : cross-eyed, squint
  色弱の : color-blind
  乱視の : astigmatic

have bad eyes 視力が悪い = have bad eyesight

near-sighted 近視の = short-sighted
- I wear glasses because I am short-sighted. 私は近視だからメガネをかけてるんだ。

far-sighted 遠視の

myopia 近視

hypermetropia 遠視

deaf 耳が聞こえない、耳の不自由な

earache 耳の痛み

toothache 歯痛
- 接尾語連結形 -ache 痛み (pain)
  headache: 頭痛
  toothache: 歯痛
  heartache: 傷心
  decayed tooth 虫歯
- treat a decayed tooth 虫歯を治療する

scaling 歯石除去 = teeth cleaning

pull out （歯を）抜く = extract

mouthwash うがい（うがい薬）

antibacterial 抗菌の

antiseptic 防腐剤、消毒剤

anticavity 虫歯予防

|首と胸|

swell 腫れ上がる
- I have swollen tonsils. 扁桃腺が腫れたんだ。

tonsils 扁桃腺

tonsillectomy 扁桃腺除去手術
- 語根 tom 切る (cut)
  appendectomy: appendix（虫垂）+tom（切る）→虫垂切除術
  gastrotomy: gastro（胃）+tom（切る）→胃切開術

heart disease 心臓病 = cardiac disease
- cardiac 心臓の

heart attack 心臓麻痺

pulmonary disease 肺疾患
- pulmonary 肺の

lung cancer 肺癌

malignant tumor 悪性腫瘍

tumor 腫瘍

benign tumor 良性腫瘍

|腹|

stomachache 腹痛、胃痛
- I have a severe stomachache. お腹がとっても痛い。

be green with envy （顔が青白くなるほど）ひどく
うらやんで［ねたんで］

constipation 便秘
piles 痔 = hemorrhoids

diarrhea 下痢
- ずっと下痢してるんだ。
  I've been having diarrhea.= I have the runs.

venereal disease 性病

libertine 放蕩者

profligate 乱れた、放埒な

|外傷|

virus ウィルス

germ 菌

fall sick 病気になる

traumatic injury 外傷	**appendectomy** 盲腸の手術
skin disease 皮膚病	**burn** 火傷 = scald
cut 鋭い物で切ってできた傷	**bruise** 打撲傷
scar 傷跡	**fracture** 骨折
・傷 injury, wound, hurt	**rupture** 裂ける = bursting, breakage

▶ さらに知っておきたい '病気' に関する単語

acrophobia 高所恐怖症　**claustrophobia** 密室恐怖症　**epilepsy** 癲癇　**hydrophobia** 恐水病
hypochondria 心気症、うつ病　**lovesickness** 恋煩い　**rabies** 狂犬病

04 >>> 病院と医師

病院ごっこでも
しようか

　ここまでは病気について話をしてきたから、今度は治療treatmentをしなくちゃね。ここではhospital病院とdoctor医師を見てみよう。よく見ておいて、体の具合が悪くなったら症状に合った診療科をしっかり探すんだよ。頭が痛いのに歯医者に行ったり、歯が痛いのに産婦人科に行っちゃ、困るからね。

◆◆ 診療手続き ◆◆

　みんなが風邪を引いたら、病院に行ってconsult a doctor 診療を受けるするよね。すると先生が病気に対するdiagnosis 診断を下した後に、prescribe 処方するしてくれるだろ。その後に、nurse 看護師に連れて行かれてinjecting room 注射室に行くんだ。なに、怖いって？

さあ、こちらに

外国で病気になったときはこのように！
外国では病気になっちゃダメだよ。でも病気になってしまったら、まず大きなスーパーや雑貨と薬を取り扱うdrug-store（薬局）で薬を買って飲もう。軽い症状なら、これが一番だ。ちょっと病状が深刻だったら、一旦病院に電話して予約しないといけないよ。心配しないで。たいていはとても親切だから、怖がらないでゆっくり答えればいいよ。その次は、予約時間に合わせて病院に行くんだ。30分前に行って患者カードを作成しなきゃいけないけど、その後は看護師さんが来て簡単な症状を聞いてくるだろう。絶対に長ったらしく説明しちゃダメだよ。医者にもう一度言わないとダメなんだから。その次は、処方箋を持って薬局に行って薬を買えばいいだけだ〜。

---

hospital [háspitl]　　doctor [dáktər]　　consult a doctor [kənsʌ́lt ə dáktər]　　diagnosis [dàiəgnóusis]　　prescribe [priskráib]　　nurse [nəːrs]　　injecting room [indʒéktiŋ ruːm]

"Don't make a big fuss!" 大げさに痛いふりするなよ！

薬の購入

medicineは病気を治療するための薬をいうんだ。特に医者の処方箋がなければ買えない薬のことだよ。dietary supplementは直接的に病気を治療しようという目的ではなくて、飲食物の摂取で不足している栄養素を補充するために売っているビタミン剤やカルシウム剤、鉄分剤なんかをいうんだ。

その次はmedical fee診察料を払ってprescription処方箋をもらって、病院の中にあるdispensary病院内の薬局や、外にあるpharmacy薬局に行ってmedicine薬をもらえばいいよ。それから家に帰って、ゆっくりget some rest休むすればいいんだ。

もし病気が悪化して日常生活に支障が出てきたら、すぐにbe admitted into a hospital入院するしないとね。health insurance健康保険ではすべてまかなえないから、お金も十分に準備しないといけないよ。

フー、みんなもこんなことにならないように、普段から健康に十分気をつけよう！

Remedies At The Pharmacy
① 風邪薬 cold medicine
② 胃薬 antacid/Alka Seltzer
③ のど飴 throat lozenges
④ せき止め cough syrup
⑤ 鎮痛剤 aspirin/painkiller
⑥ ばんそうこう adhesive bandage/Band-Aid

medical fee [médikəl fiː]　prescription [priskrípʃən]　dispensary [dispénsəri]　pharmacy [fáːrməsi]　medicine [médəsən]　get some rest [get sʌm rest]　health insurance [helθ inʃúərəns]

◆◆ 病院 ◆◆

病院は、大きく分けて内科・外科、その他複数の診療科を持っていて、病理などの臨床検査の設備もある**general hospital** 総合病院と、特定の臨床医学の分野に精通している専門病院**clinic**があるんだ。

Public health center 保健所もあるんだけど、ここは安いしある程度医療施設も揃っているから、うまく利用したほうがいいよ。こんなこと言ってるけど、僕は絶対に、保健所の広報担当なんかじゃないよ〜。

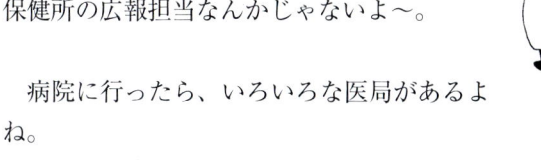

病院に行ったら、いろいろな医局があるよね。
まず交通事故の患者たちが**ambulance** 救急車で運ばれてきて、**first aid** 救急治療を施す**emergency room** 救急治療室が思い浮かぶ。その次はX-ray撮影などをして**patient** 患者の体内を丸ごと覗き見る**radiology** 放射線科もあるんだ。僕の親しい友だちが、放射線科で長い間勤務しているんだけど、そいつは僕を見るといつも「お前の中身が見える」って言うんだ。
（だからあいつはトランプがあんなにうまいのかな？ ^^;）

病院で一番怖いところは？
operating room 手術室じゃないかな。もちろん、許可された人以外は誰も入れない**ICU** 集中治療室も、十分恐ろしいけどね。集中治療室みたいな恐ろしいところで、お笑い番組を見てゲラゲラ笑ってる奴はいないよね。

---

general hospital [dʒénərəl háspitl]　**clinic** [klínik]　**Public health center** [pʌ́blik helθ séntər]
ambulance [ǽmbjuləns]　**first aid** [fəːrst eid]　**emergency room** [imə́ːrdʒənsi ruːm]　**patient** [péiʃənt]　**radiology** [rèidiálədʒi]　**operating room** [ápərèitiŋ ruːm]

病院に行くと、**遺族**the bereaved familyが集まって泣いていて、**condolences** 弔意を表して**incense burning** 焼香もする**mortuary** 霊安室も思い浮かぶね。葬儀の際にお世話になる人が、**mortician** 葬儀社だ。

◆◆ 医師 ◆◆

じゃ、僕たちの病気を**treat** 治療するしてくれるいろんな医者を見ていこうか？

まず**医者**doctorになりたかったら、**医科大学**medical schoolを卒業して、病院で**研修する**internshipの**intern** 研修医を経ないといけないんだ。その次に専門医課程を踏む**resident** 専門医学研修医生活をしないとダメなんだ。専門医学研修医は、救命治療室でよく見るよね。

医者は大きく**physician** 内科医と**surgeon** 外科医に分かれるってことは、みんな知ってるよね？ それから、町で内科や外科をみんな診てくれる一般開業医を**general practitioner**っていうんだ。

じゃ、今から頭の部分から診療してくれる医者を、じっくりと見ていこうかな？

mental institution 精神病院に行くと、

---

condolences [kəndóulənsiz]　　**incense burning** [ínsens bə́ːrniŋ]　　**mortuary** [mɔ́ːrtʃuəri]
mortician [mɔːrtíʃən]　　**treat** [triːt]　　**doctor** [dάktər]　　**intern** [íntəːrn]　　**resident** [rézidənt]
physician [fizíʃən]　　**surgeon** [sə́ːrdʒən]　　**general practitioner** [dʒénərəl præktíʃənər]
mental institution [méntl instətjúːʃən]　　**psychiatrist** [sàikiǽtrist]

psychiatrist 精神科医がいるね。僕も知り合いにpsychiatristが1人いるんだ。以前は**deranged** 精神に異常をきたしたな人だけが精神科に行くと思ってたけど、世の中が大変複雑になって精神科治療の必要な人が多くなっているようだね。

その次に、目に異常があるときに診てもらう**oculist**眼科医がいるね。眼科に行くと、視力visionを測る**optometrist** 検眼士もいるよ。普通はメガネを売る**optician** メガネ店と一緒にいる場合が多いんだ。鼻や耳、のどが痛くなったら**otolaryngologist** 耳鼻咽喉科医に診療してもらうよね。この医者の仕事が大変だからかどうかわからないけど、単語だけはすっごく難しいだろ？

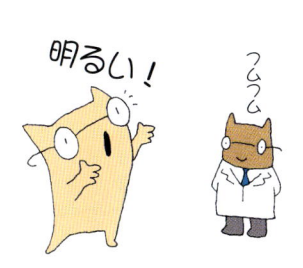

前に紹介した僕の友だちのように、ガムを噛んでいて歯が抜けたら、すぐにガム売り、いや**dentist**歯科医に行かなくちゃね。

ところで、痛いところが1つもない顔に、治療でもない治療をする医者がいるんだ。**cosmetic surgeon** 美容整形外科医だ。最近ではいっぱいお金儲けをして、うれしくて口がいっぱいに裂けて整形手術をするとか何とか。

この本で勉強して、すごく感動して^^心臓がひどく**throb** 鼓動するして静まらなかったら、すぐに

---

deranged [diréindʒid]　**oculist** [άkjəlist]　**optometrist** [ɑptάmətrist]　**optician** [ɑptíʃən]
otolaryngologist [òutoulæriŋgάlədʒist]　**dentist** [déntist]　**cosmetic surgeon** [kazmétik sə́ːrdʒən]
throb [θrɑb]

cardiologist 心臓専門医のところに行ってね。多分、こう言うかもね。"Calm down." 落ち着いて。

診療、終わり!!

おしっこをするときに問題があるって？　じゃあ、すぐに urologist 泌尿器科医 に行こう。突然お腹が膨らんできて赤ちゃんが出そうになったら、obstetrician 産科医に行くんだよ。最近、お腹が出てきてスタイルが気になっているそこのお嬢さん！　お嬢さんはヘルスクラブに行かないとダメだよ。

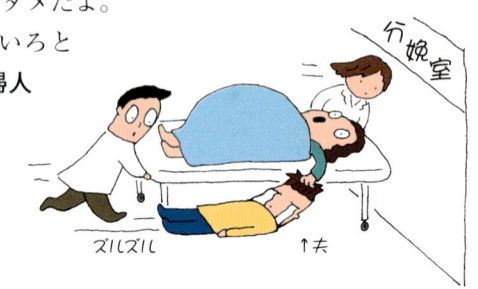

女の人は年をとると、いろいろと生殖器やホルモンに関連した婦人病 gynecopathy になる場合が多いけど、そんなときは gynecologist 婦人科医に診察してもらべきだ。それから、歩いてるときにころんで足をくじいたら、すぐに orthopedist 整形外科医へ走っていくんだ。

僕の本を読んでいたら、体がムズムズしてこない？　そうなったら dermatologist 皮膚科医に行かないとダメだよ。だから、毎日風呂に入れってば。

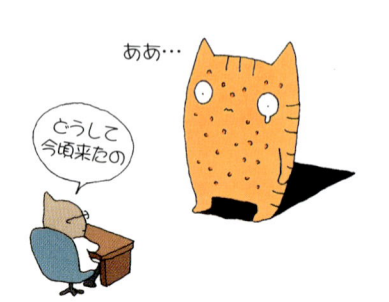

そうじゃなくて、痒い理由が水虫 athlete's foot のせいだって？　じゃあ、podiatrist 足治療専門医のところに行くんだ。それにしても、足治療専門医は苦労が多いだろうな。いつも他人の汚い足を触りながら、治療しなきゃいけないからね。

語根 pod[ped]　'足'

語根 pod と ped は '足' という意味で使うんだ。iatro は '医療' という意味で、ist は '人' という意味。だから podiatrist は '足治療専門医' になるのさ。

- tri (3) + pod (足)
  →三脚台 (tripod)
- pedal ペダル

cardiologist [kà:rdiáləd ʒi]　urologist [juərálədʒi]　obstetrician [àbstətríʃn]　gynecologist [gàinikálədʒist]　orthopedist [ɔ:rθəpí:dist]　dermatologist [də:rmətálədʒist]　podiatrist [poudáiətri]　pediatrician [pì:diətríʃn]

ところで、podiatristとスペルがとっても似ている単語があるんだけど、それがpediatrician小児科専門医だ。わずらわしいだろ？　ぼくもそうなんだ。でも発音は全く違うんだよ。発音、発音、発音で区別しよう！

　じゃ、一番悪い医者はどんな医者？
　それは、肝臓が悪いのに盲腸の手術をしようとするquackやぶ医者だ。こんな人のところに行くぐらいなら、いっそshaman呪術師のほうがましかもしれないよ。僕が前にあるテレビ番組で、にせの占い師として出演した前科（？）があるってこと、知らないだろ？＾＾

quack [kwæk]　　**shaman** [ʃɑ́ːmən]

単語暗記ノート

hospital 病院
　・病院 clinic, infirmary

doctor 医師

病院・診療手続き

consult a doctor 診察を受ける

diagnosis 診断

prescribe 処方する

nurse 看護師

injecting room 注射室

medical fee 診察料

prescription 処方箋

dispensary 病院内の薬局

pharmacy 薬局 = dispensary, drugstore

medicine 薬 = drug, tablet, pill（錠剤）

get some rest 休む
　・I suffer from fatigue. 疲れて病気になった。

be admitted into a hospital 入院する

health insurance 健康保険

病院

general hospital 総合病院
　・Oriental Medicine Clinic 漢方病院

clinic 専門病院

public health center 保健所

ambulance 救急車

first aid 救急治療

emergency room 救急治療室

patient 患者

radiology 放射線科

operating room 手術室

ICU 集中治療室 (Intensive Care Unit)

mental institution 精神病院

condolences 弔意

incense burning 焼香

mortuary 霊安室

mortician 葬儀屋 = undertaker, funeral director

医師

treat 治療する = cure, heal

intern 研修医

resident 専門医学研修医

physician 内科医

surgeon 外科医

general practitioner 一般開業医

psychiatrist 精神科医 = couch doctor

・couch （精神分析に使われる） 枕付きのベッド

deranged 精神に異常をきたした、気が狂った
　= mad, crazy, insane, lunatic, psychotic

oculist 眼科医

optometrist 検眼士

optician メガネ店

otolaryngologist 耳鼻咽喉科医

dentist 歯科医

cosmetic surgeon 美容整形外科医

throb 鼓動する

cardiologist 心臓専門医

urologist 泌尿器科医

obstetrician 産科医

gynecologist 婦人科医

orthopedist 整形外科医

dermatologist 皮膚科医

podiatrist 足治療専門医
・語根 pod, ped 足
　podium: 教壇、演壇
　tripod: tri(3)+pod （足）→三脚台
　pedal: ペダル
　centipede: cent(100)+ped （足）→ムカデ
　expedite: ex(out)+ped （足）→促進する（妨害物になる足を除く）
　impede: im （中）+ped （足）→妨害する（足を突っ込む）

pediatrician 小児科専門医

quack やぶ医者

shaman 占い師

▶ 知っていたら役に立つ '病院' で使う表現

What are your symptoms? 症状はどうですか？

How long has it been bothering you? いつから具合が悪かったですか？ = Since when?

Is the pain severe? 痛みはひどいですか？

Lie on your back. 仰向けになってください。

Lie on your stomach. 俯せになってください。

Lie on your side. 横向きになってください。

I'm going to be taking a blood sample. 採血をしようと思います。

I will be giving you a shot. 注射をします。

Please rub it hard. よく揉んでください。

05 >>> 感覚

五感で感じる ジーンとする瞬間

　私たちの体に関係のあるいろんな種類の**sense**感覚を見てみよう。私たちの体には視角、聴覚、嗅覚、味覚、触覚の**five senses**五感があるのは知ってるよね？　順序通りに見てみよう。

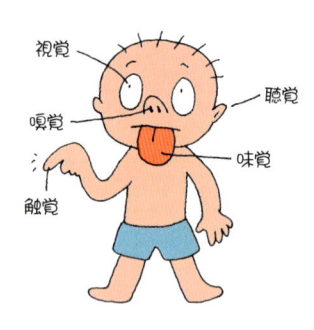

視覚
聴覚
嗅覚
味覚
触覚

FIVE SENSES

◆◆ 視覚 ◆◆

　まず目で見ることを表現するときは、see, look, watchなどを使うんだけど、単語がいっぱい出てくるから目がくらくらとしてくるね。これらの単語は人間の一番一般的な感覚**sight**視覚に関する単語だから、そのニュアンスまでしっかりと知っておかないといけないよ。よくチェックしておくんだよ。
　例えば、みんなが明洞（ミョンドン）の通りを歩いているときに僕を見たとするよ。そのときは**see**だ。単純に見るっていう意味さ。
・I saw Moon-Duk in Myondong. 明洞（ミョンドン）でムン・ドクを見たぞ。

sense [sens]　　five senses [faiv sensiz]　　sight [sait]　　see [si:]

それから僕を見てから、隣にいるきれいな女性に目を移してじろじろ見たとしよう。そのときは**look at**だ。視線に重点を置くんだけどね、停止した物体を注視して見るっていう意味なんだ。
・I looked at the beautiful lady beside him. 彼の横にいるきれいな女性に目を移してじっと見たんだ。

その次に、2人が何をしているのか黙ってじっと見るとしたら、そのときは**watch**だ。注意を傾けて変化を続けて見守るっていう感じなんだけど、台所で煮物をしている鍋を見ているとか、テレビを見ているときに使うんだよ。動きや状態を見守るっていう意味さ。
・He watched TV with me. 私とテレビを見たの。

僕をちらりと見て終わりだったら、**glance** ちらりと見るだよ。驚いて穴が空くほど見つめるときは、**gaze** 凝視するとか、stareっていうんだ。僕がみんなに「アッカンベー」ってして、みんなが怒って僕のことを見つめるのは、**glare** 睨みつけるだ。

通り過ぎていくねずみ1匹を見たら、こう言えばいいよ。
"I caught a glimpse of a mouse." ねずみをチラッと見たよ。

みんな、日本海に日の出 sunrise を見に行ったら、すごく**behold** 感嘆して見る

look at [luk æt]　**watch** [wɑtʃ]　**glance** [glæns]　**gaze** [geiz]　**glare** [glɛər]　**behold** [bihóuld]

peeping Tom

peeping Tomは '覗き見が好きな人' のことなんだ。11世紀にイギリスで1人の領主が、市民に過重な税金を賦課すると、彼の妻がこれを軽減するように頼んだんだ。領主は、妻が真っ昼間に裸で馬に乗って市内を通り過ぎたらその願いをかなえてやるって言ったんだ。すると市民たちは彼女の崇高な意図を称賛して、みんな窓を閉めて彼女を見ないと約束したのに、Tomという仕立て屋だけは隠れて窓の隙間から覗き見したんだそうだ。その罪に対する罰を受けて、トムは目が見えなくなったんだって。

すると思うよ。そこにわざわざ見えにくい**日没**sunsetを見に行く奴もいるけど、ちょっと変だよな。

最後に、「さえぎられたカーテンの隙間からムン・ドクは彼女を見たのさ」って言うときは、**peep** 覗き見するだ。ああ、目が痛い。もうこれでおしまい〜！

◆◆ 聴覚 ◆◆

聞くというと、hearとlisten toが思い浮かぶけど、この2つも区別しなくちゃね。

ところで、僕がバンドbandの**vocalist**ボーカリストだってこと、知ってるよね？　えっ、知らなかったって？　じゃ、今教えてあげるから、もう忘れないで！

みんなが偶然、僕の歌を聞いたら**hear**で、わざわざ耳を傾けてじっと聴いたら**listen to**だ。隣の部屋に**新婚夫婦**newlywedが住んでいて、ある日の夜、

hear　　listen to　　overhear　　eavesdrop

peep [piːp]　　**vocalist** [vóukəlist]　　**hear** [hiər]　　**listen to** [lísən tuː]　　**overhear** [òuvərhíər]
eavesdrop [íːvzdrὰp]

隣の部屋からその夫婦がえ〜と……その……声が漏れ聞こえて偶然盗み聞きしたら、**overhear**だ。その次の日から意図的に盗み聞きしたら**eavesdrop**になるんだ。これがよくできる人は、**国家情報局**National Intelligence Agencyに就職すればいいよ。

　見えたり聞こえたりするのがかすかだったら、**faint**っていうんだ。うるさければ**noisy**、鼓膜が裂けそうなほどやかましければ**deafening**だ。カラオケで**音痴の**tone-deafおじさんが、マイクが壊れそうなほど歌を歌えば、**strident**耳障りなだ。それから、その歌を聴いて女の人が悲鳴を上げれば、**shrill**甲高い音になるんだ。
　「こんにちは〜。桂銀淑（ケイウンスク）です。」この声、覚えてるだろ？　まさにこれが**husky**かすれた声。

◆◆ **嗅覚** ◆◆

　鼻で匂いをかぐ**the sense of smell**嗅覚を見てみよう。
　愛する恋人がみんなにバラの花をプレゼントしてくれたら、そっと鼻を当ててこう言ったらどうかな。

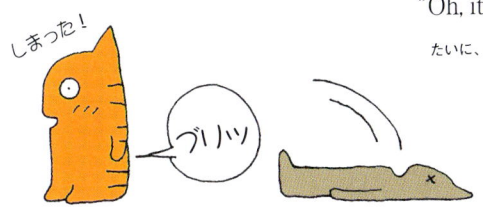

"Oh, it's as fragrant as you." ああ！　君みたいに、すごく香りがいいよ。

ここで**fragrant**は'香り高い、匂いのよい'という意味だ。もし彼女が突然**おならを**したら break wind、こう言う

---

faint [feint]　**noisy** [nɔ́izi]　**deafening** [défən]　**strident** [stráidənt]　**shrill** [ʃril]　**husky** [hʌ́ski]
fragrant [fréigrənt]

んだ。
"Oh, it's just as aromatic as a rose." ああ！ バラのようにとても素晴らしい香りだね。
もしその言葉を聞いて、彼女が軽蔑して**鼻を鳴らしたら**snort、こう言え。
「ひでえ女だ!!!」

それからすぐにその彼女と別れて、新しい彼女を探したほうがいいぞ。

口から匂いがしたら、終わりだってことぐらい知ってるだろ？　匂いがひどいときに使う単語は、**stinky**臭いだ。'匂いをかぐ'　というときは、**smell**を使う。

鼻を当ててクンクンかぐときは、**sniff** 鼻をクンクンさせるを使うのさ。犬がよくすることだけど、もしかして怪しい人じゃないか、確かめるためだよ。
・The dog sniffed at a stranger. 犬は知らない人に向かって鼻をクンクンさせた。

◆◆　**味覚**　◆◆

次は口で味を見る**the sense of taste** 味覚について見てみよう。
　口で味を見ることを**taste**っていうんだけど、**taste**にはすごくいろんな種類があるんだ。良薬は口に苦しって言葉、知ってるよね？
"Good medicine always tastes bitter." 良薬は口に苦し。
bitter 苦いは苦い味だ。この本もちょっと苦いって思ってる

stinky [stíŋki]　　smell [smel]　　sniff [snif]　　taste [teist]　　bitter [bítər]

人が多分いると思うけど、じっと我慢して飲み続けるんだよ。僕があんまり苦くならないように努力してるんだから。^^

酢vinegarが入った食べ物やあまり熟れてないgreenりんごは、sourすっぱいだろ。砂糖が入ったらsweet甘いで、粉唐辛子red pepper powderがたくさん入るとhot辛いだ。僕は辛いものがあまり食べられなくて、flat味が薄いなものが好きなんだ。だから僕が食べるトッポギ〔訳者注：白いもちを長細く切って肉や野菜と一緒に唐辛子味噌で炒めた食べ物〕は、色が白いんだ。想像できる？ あまりにも味が薄いと、辛子mustardソースをたっぷり入れて食べるんだけど、それもおいしいよ。フフフ

・It's too hot for me. これは辛すぎる。

◆◆ 触覚 ◆◆

今度は、触ってtouch感じるいろんな感覚を見てみよう。

子どもの肌は、とてもsmoothすべすべしただろ。反対にroughざらざらしたなのを感じたかったら、お父さんのあごを一度触ってみよう。^^

もしかして、沸騰したboiling湯に手を入れたことってある？ とってもhot熱いだから、scalded火傷したすると思うよ。この熱い湯に冷たい水を少し混ぜると、lukewarmなまぬるいになるよね。

家に熱いお湯が出なくて、ぬるいっていう感覚が味わえないって？ じゃ、手におしっこurineをかけてごらんよ。lukewarmが一生忘れられなく

冷めたコーヒー

'冷めたコーヒー'は英語でどういうかな？ cold coffeeっていえばいいよ。冷たいコーヒーじゃないかって？ 冷たいコーヒーはiced coffeeだよ。ぬるいのはlukewarmっていうんだけど、人の態度がなまぬるい場合も、この単語を使うそうだ。参考までに、cold cashは'冷めた現金、冷たい現金'じゃなくて、'本当の現金'のことで、cold fishも'冷たい魚'じゃなくて'冷静な人、冷たい人'のことをいうんだ。

---

sour [sáuər]　　sweet [swiːt]　　hot [hɑt]　　flat [flæt]　　smooth [smuːð]　　rough [rʌf]　　hot [hɑt]
scalded [skɔːlded]　　lukewarm [lúːkwɔ̀ːrm]

なるよ。

　ほんとにすさまじい語彙との戦いだね。^^;;
　このぬるい段階から**温度**temperatureがもっと下がったら**cool**ひんやりしたで、もっと下がれば**cold**冷たいになるんだ。

　以上の**五感**five senses以外にも、**hunch**予感や**intuition**直感のようなのを**sixth sense**第六感って言うんだ。前にブルース・ウィリスが主演した映画「シックス・センス」っていうのがあったよね。

　この本の最後まで楽しくついてきてくれたら、みんなが語彙の達人になるって第六感が働くよ。^_^

cool [kuːl]　　**cold** [kould]　　**hunch** [hʌntʃ]　　**intuition** [ìntjuíʃən]　　**sixth sense** [siksθ sens]

単語暗記ノート

sense 感覚

five senses 五感

視覚

sight 視角 = vision

see （意思と関係なく）見える
- I saw Moon-Duk in Myondong. 明洞（ミョンドン）でムン・ドクを見たぞ。

look at 目を移してじろじろ見る
- I looked at the beautiful lady beside him. 彼の横にいるきれいな女性に目を移してじっと見たんだ。

watch （動きを）見守る = keep one's eyes on
- He watched TV with me. 彼は私とテレビを見たの。
- I kept my eyes on the man and the woman. 私はその男女をじっと見守ったの。

glance ちらりと見る
- glance at ～をちらりと見る

gaze 凝視する = stare
- gaze at ～を（驚いて）凝視する = stare at

glare 睨みつける
- glare at ～を睨みつける
- catch a glimpse of チラッと見る

behold 感嘆して見る

peep 覗き見する

聴覚

vocalist ボーカリスト

hear （意思と関係なく）聞こえる
- I heard him singing. 彼が歌ってるのを聞いたんだ。

listen to （耳を傾けて）聞く
- I listened to his song. 彼が歌ってるのを耳を傾けて聴いたんだ。

overhear 盗み聞きする

eavesdrop 盗聴する = bug, wiretap

faint かすかな

noisy うるさい = loud, vociferous, boisterous, clamorous

deafening 鼓膜が裂けそうな、大音響の = earsplitting

strident 耳障りな = harsh

shrill 甲高い

husky かすれた声 = hoarse, raucous

嗅覚

the sense of smell 嗅覚

fragrant 香り高い = aromatic, scented

stinky 臭い = malodorous, stench, nasty

smell 匂いをかぐ

sniff 鼻をクンクンさせる
- The dog sniffed at a stranger. 犬は知らない人に向かって鼻をクンクンさせた。

味覚

the sense of taste 味覚

taste 味、味を見る

bitter 苦い
- Good medicine always tastes bitter. 良薬は口に苦し。

sour すっぱい

sweet 甘い

hot 辛い = pungent, piquant
- It's too hot for me. これは辛すぎる。

flat 味が薄い

触覚

smooth すべすべした

rough ざらざらした

hot 熱い

scalded 火傷した

lukewarm なまぬるい = tepid

cool ひんやりした

cold 冷たい

hunch 予感

intuition 直感

sixth sense 第六感 （6番目の感覚）

06 >>> 動物

英語で絶対に知っておくべき動物

世の中には僕たち以外にも、生きて動くanimal 動物がたくさんいるよね。それを英語で全部言うのは難しいけどね。でも、僕たちが英語で話すときに、絶対に知っておくべき動物を中心に見ていくから、もし「この動物は私が家でpet ペットとして飼ってるのに、どうして教えてくれないの？」なんて文句をつけないで、しっかりついてくるんだぞ！

◆◆ 家畜とペット ◆◆

僕は幼い頃、電気もないすごい山奥で育った。家には動物がほんとにたくさんいたんだ。

まずshed 小屋にはいつもcow 雌牛が1頭いたんだ。こいつにfodder まぐさを与えるうちに、僕の幼年時代は過ぎてしまった。T-T
父がこの雌牛を市場に連れて行ってbull 雄牛とmate 交配させるしたのか、そ

bullにたとえる
like a red rag to a bullは雄牛に赤い布を見せることのように、'ある人の怒りを極度に煽る'っていう意味だそうだ。

animal [ǽnəməl]　pet [pet]　shed [ʃed]　cow [kau]　fodder [fάdər]　bull [bul]　mate [meit]

の後しばらくしてこのcowがcalf子牛を生んだんだ。僕はcalfとすごく楽しい幸せな子ども時代を送ったのにな。あっ！　昔の話だよ〜。

　それからshedの入り口にはペックという名前のdog犬1匹が、堂々と構えて座っていたんだ。とっても賢い珍島（チンド）犬〔訳者注：1938年3月に韓国天然記念物に指定された全羅南道珍島産の犬で秋田犬に似ている〕なんかじゃなくって、hybrid雑種だったけどね。子どももたくさん生んで、一度にたいてい7、8頭ずつすっごくcute可愛いなpuppy子犬を生んだんだ。可哀そうなことに、子犬のうち1、2匹は死んじゃったけどね。T_T

　その横には、ブーブーうるさいpig豚1匹がpen檻の中でごろごろしていたんだ。すっごく臭いstinkyところだった。家の近くの畑には、goatヤギが1、2匹いたよ。僕んちには僕たち家族だけでなく、mammal哺乳類がこんなにたくさんいたんだ。^^

calf [kæf]　　dog [dɔ(:)g]　　hybrid [háibrid]　　cute [kju:t]　　puppy [pʌ́pi]　　pig [pig]　　pen [pen]
goat [gout]　　mammal [mǽməl]

これらのlivestock家畜だけでなく、poultry家禽類もいたんだ。庭を横切ると、わら束rice-sheafが1カ所に積んであったんだけど、その周りには必ずhen雌鳥が3、4羽とcock雄鶏が1羽いたんだ。たまに母が市場でchickひよこを10何羽ほど買って来て放してやることがあったけど、そうなると僕んちはわけがわからないほどうるさくなったもんだ。

　思い出しただけでも、可愛い奴ら！ 朝起きると、わら束の下から必ずegg鶏卵がいくつか出てくるんだ。毎日サンタのおじいさんがプレゼントしてくれたような気分だったね。^^
・Our hen lays an egg every day. うちの雌鳥は、毎日卵を1つ生むんだ。

　鶏の周りには、いつもduckあひるが一緒にいたんだ。でも僕にはあひるに対する'よくない思い出'があるんだ。僕の名前がMoon月 Duckあひるだからね。いつからか、みんなが僕に月から来たあひるってからかい始めたんだ。トホホ!!

　田舎の家だから、トイレでratねずみを見るのは驚くほどのことでもなかったんだ。もちろん、気分はあまりよくなかったけど、時々cat猫が急に飛び出してくることがあって、そっちのほうが怖かったよ。

henにたとえる
as rare as hen's teeth '雌鳥の歯のように非常にめずらしく貴重な'、つまりとてもめずらしいものを描写するときに使うそうだ。

rat
You are like a rat in a trap.
お前は袋のねずみだ。

livestock [láivstàk]　poultry [póultri]　hen [hen]　cock [kɑk]　chick [tʃik]　egg [eg]
duck [dʌk]　rat [ræt]　cat [kæt]

◆◆ 野生動物 ◆◆

このほかの動物の中で、みんなが必ず知っておくべきものを言うから、残りの動物は**動物園**zooに行って探すんだよ。^_^

僕が幼かった頃、夏になると**snake**蛇がどれほど多かったことか。時には**棒**stickを持ち歩いたほどだからね。見つけたら**殴り殺そう**beat to deathと思ってね。たまに**poison**毒を持つ**viper**毒蛇に出くわすと、どれほど怖かったことか。**lizard**トカゲはそれほど怖くなかったけどね。

・I was nearly bitten by a viper. 毒蛇にかまれるところだった。

いつだったか、蛇が**frog**蛙を食べる場面を見たことがあったんだ。あのとき**デジカメ**digital cameraがあればなあ……。蛇の口がどんなに大きかったことか、一口で蛙を飲み込んだほどだからね。**tadpole**おたまじゃくしでも気楽に食べてればいいのに、欲が深いからな。

蛙は水の中でも土の上でも住んでるよね。だから'両生類'っていうんだ。英語では、**amphibian**だ。蛇は**reptile**爬虫類ってこと、知ってるよね？

ambi-, amphi- '2つの'
ambi-やamphi-は'2つの、両側の'という意味なんだ。だからamphibianは2つという意味のamphi-と、'生命'という意味のbioが合わさって'両生類'になるんだ。
・ambi(2つ)+dexterous(手先が器用な)→両手ききの (ambidexterous)

さあ、もっと見てみよう〜。
あぜ道を通って横の**ditch**溝を見ると、**a school of fish**魚の群れがよく見えたものだ。もちろん、**leech**ヒルも多かったけど。
村には大きな湖があって、そこで釣りをしている人たちがたまに**carp**コ

snake [sneik]　poison [póizən]　viper [váipər]　lizard [lízərd]　frog [frɔːg]　tadpole [tǽdpòul]
amphibian [æmfíbiən]　reptile [réptil]　ditch [ditʃ]　leech [liːtʃ]

ィを釣ってることもあったんだ。たまに**fishing net**釣り網に**tortoise**亀がかかることもあったし、**eel**ウナギが入ってることもあったよ。**stamina**精力にすごくいいっていうけど、ああ〜あのときちょっと食べとけばよかった。蛇みたいだからあまり食べなかったんだ。

午後になって家に帰ってくる頃には、草原で**grasshopper**バッタがピョンピョン飛び跳ねていたもんだ。木には**caterpillar**毛虫もようよしててね。毛虫はほんとに気持ち悪いったらありゃしない。数えられないほどいっぱいある足と毛！

木の下を見ると、**ant**アリもいっぱいだった。じっと見ていると、列を作って動く様子が、すごく不思議だったものさ。間違って**beehive**蜂の巣に触れて、**bee**蜂に刺された stung こともよくあったよ。近所に住んでた子は**wasp**スズメバチに刺されて、どれほど苦しんだことか。

・I was stung by a bee. 蜂に刺された。

運がよければ、岩の隙間から**weasel**イタチが見えることもあったよ。煙を焚くと洞穴から出てくるって聞いて、友だちと穴の前でタバコを1箱も吸ったのに、ダメだったよ。チェッ！

ant
have ants in one's pants は'そわそわする'という意味なんだ。すべきことがとてもたくさんあって、ものすごく忙しい姿を描写するときには、as busy as a bee を使えばいいよ。

---

carp [kɑːrp]　　fishing net [fíʃiŋ net]　　tortoise [tɔ́ːrtəs]　　eel [iːl]　　stamina [stǽmənə]
grasshopper [grǽshɑ̀pər]　　caterpillar [kǽtərpìlər]　　ant [ænt]　　beehive [bíːhàiv]　　bee [biː]
wasp [wɑsp]　　weasel [wíːzəl]

それから山には**hare**山ウサギがたくさんいたよ。冬になると、たまに父に捕まえられて引きずられてきた。月の世界にいたらいいのに、下りてくるから捕まえられるんだよ。ばかだな〜。

それはさておき、hareを家で育てると**rabbit**飼いウサギになるかな？　間違いなくまた山に'うさぎ跳び'して逃げてくぞ。ヒヒヒ。

◆◆ 鳥類と昆虫 ◆◆

春になるといつも**swallow**ツバメが来て、'チイチイ'って軒eavesの下で鳴いていたことを、今もはっきりと思い出すよ。板の間で昼寝をしていると、たまに服に'チッ'ってウンチをひっかけて飛んで行ったもんだ。

畑に近い野山では、いつも**cuckoo**カッコウの声が絶え間なく聞こえてきてた。田舎の春は、四方八方から忙しさが感じられたものだ。ああ、懐かしい僕の田舎！

夏には**insect**昆虫がすごくたくさん出てくるんだ。田舎は何もかもよいけど、これだけはやっかいだ。もちろん、**mosquito**蚊がすさまじい。僕んちは山奥にあるから、

hare [hɛər]　rabbit [rǽbit]　swallow [swálou]　cuckoo [kú(:)ku:]　insect [ínsekt]
mosquito [məskí:tou]　mosquito net [məskí:tou net]

夏になるともう大変なんだ。ひどいときには、**mosquito net** 蚊帳を2枚重ねで張ったほどだからね。

・I hardly slept because of the mosquitos last night. 昨日の夜は蚊のせいでろくに眠れなかったよ。

トイレでウンチをするときは……。ウワア、こんなこと言えないよ。おしりにしきりに付いてまわるから、キンチョールみたいな**insecticide** 殺虫剤をずっと噴射させながら、用を足したんだから、フー。

moth 蛾もいつも**電球** bulbの周りを**ストーカー** stalkerのように飛び回って、結局ジジジッと焼け死ぬんだ。**ephemera** カゲロウもいっぱい、人が好きなのか死ぬほどついてくるしね。

昼間はまだ救われると思ったら**fly** ハエがじっと放っておかなくて、いつも一方の手には**flyflap** ハエたたき、もう1つの手には英語の本（？）を持って暮らしたんだから。

エイッ！ 夏よ、早く行っちまえ〜。

語根cid '殺す'

語根cidは'殺す、切る'という意味なんだ。insecticideはcidの前にinsect（昆虫）があるだろ。だから'殺虫剤'になるんだ。

・herb（草）+cide（殺す）
→除草剤（herbicide）

秋になると、山に**pheasant** キジがバタバタと飛んで来るんだ。たまに空高く**soar** 舞い上がるする**eagle** ワシを見て、すごくうらやましくなったこともあったな。それはともかく、

sparrow スズメはどうしていつでも**電線** electric wireの上に止まっているのかわかんないな。もしかして、**充電してる** rechargeのかな？

幼い頃にも、**crow** カラスはどういうわけか

---

insecticide [insέktəsàid]　**moth** [mɔ(:)θ]　**ephemera** [ifémərə]　**fly** [flai]　**flyflap** [fláiflæp]
pheasant [féznt]　**soar** [sɔːr]　**eagle** [íːgəl]　**sparrow** [spǽrou]　**crow** [krou]

ちょっとぞっとしたな。体中が真っ黒だからだろうね。その代わり、**magpie** カササギはとっても好きだった。柿の木の一番てっぺんには、いつもカササギのえさにって柿を1つ残しておいたもんだ。本当はすごく危ないから、登って取れなかった柿 persimmon かもしれないけどね。

冬はどうだったかな？　僕はすごく寒がり屋だったから、あまり外に出なかったんだ。たまに扉の隙間から見ると、キジは相変わらず忙しく飛んでいたし、遠くのほうで **migrating birds** 渡り鳥が行き来する姿がよく見えたよ。
　フー、さむ〜い。**サツマイモ** sweet potato でも食べなくちゃ。
　冬の夜には、囲炉裏の火で焼いたサツマイモとトンチミ〔訳者注：大根を切って塩水につけた汁の多いキムチ〕の汁。ウヒャー最高だ！　あの味！　なんか、お腹すいてきたな。

◆◆ 魚類 ◆◆

　fish 魚もすっごく種類が多いよね。だから一番多いものだけ教えてあげるね。がっかりしないでね。

　キャンプに行ったら、キムチチゲに必ず入れる魚は何かな？
　はい！　正解です〜。マグロだよね。
じゃ、英語ではどういうかな？
エ〜知ってるくせに。**tuna** じゃないか。
　卵を生むときに海から川に遡河してくるっていう **salmon** 鮭もおいしいね。冬に凍った川に穴を空けて釣ることで人気のある **trout** マスもあるね。僕も釣ってみたけど、ほんとに大きいんだ。
　squid イカも好き？　イカは胃 stomach に負担になるそうだから、ちょっとだけ食べてね。残ったら僕にちょうだい。

fish
like a fish out of water で'水から去った魚のように'、つまり自分の分野じゃなくて実力発揮ができない人を意味するそうだ。

magpie [mǽgpài]　**migrating birds** [máigreitiŋ bə:rds]　**fish** [fiʃ]　**tuna** [tjú:nə]　**salmon** [sǽmən]
trout [traut]　**squid** [skwid]

octopus タコは足が何本かな？ Octoberもoctopusから来た表現なんだ。Octoberは10月じゃなかったかって？　どうしてそうなるのかというと、以前はOctoberが8月だったんだ。変な説明みたいだけど。

　ところで、周辺でよく見るタコは、ちょっと小さいよね。だから英語では、small octopusっていうんだ。

　そういえば、子どものとき、母はよく僕にoyster 牡蠣をいっぱい買ってくれたのになあ……。おかあさ～ん、また食べたいよ～。

　どうしてヒラメ、黒ソイ、メイタガレイ、スズキは教えてくれないのかって？　僕も知らないよ。でも、刺身にして焼酎と一緒に食べたら、これがまたおいしいんだよな。

◆◆ 動物園の動物たち ◆◆

　父と手をつないで動物園zooに行ったとき、気絶するfaintするかと思ったよ。動物が何でもいたからね。

　monkey 猿はすばしっこいnimble動作であちこち飛び回ってふざけてるし、gorilla ゴリラのようなape 類人猿は座っている姿勢がまるで人が座ってポーカーをしているみたいで、本当にanthropoid 人に似ただったんだ。僕もポーカーはよくするけどね。

　動物園に行って初めて、wolf 狼とfox 狐を見たんだ。あいつらは似ているから、実際に今でもよくこんがらがるんだ。bear 熊は寝てたのか、見られなかったけどね。

　話に聞いていたostrich ダチョウも見て、peacock クジャクが羽をいっぱいに

oyster
The world is your oyster.は'世界はみんな君の飯だ'という意味なんだ。西洋人たちの主食が牡蠣だっていう話じゃなくて、ここでoysterは'思いのままになる'という意味さ。だから'何でも思い通りにできる'、すなわち'広い世界が君のものだから、何でもできる'と激励する表現だ。Do anything you want. You can do anything.と同じ意味だね。

wolf
a wolf in sheep's clothingというと、'羊の仮面をかぶった狼'という意味になるんだ。それからas sly as a foxというと、'狐のように狡猾だ'という意味なんだけど、否定的なやり方で秘密裏に行動する人のことをいうそうだ。

octopus [áktəpəs]　**oyster** [ɔ́istər]　**monkey** [mʌ́ŋki]　**gorilla** [gərílə]　**ape** [eip]
anthropoid [ǽnθrəpɔ̀id]　**wolf** [wulf]　**fox** [fɑks]　**bear** [bɛər]　**ostrich** [ɔ́(ː)stritʃ]
peacock [píːkɑ̀k]

広げていい格好しているのも見たよ。**parrot** オウムも見たけど、あいつは僕の言うことを絶対に真似しなかったんだ。必死で真似させようとする僕を、通りがかりの人たちが変な目で見て行ったよ、フー。

　かの有名な**lion** ライオン、**tiger** 虎、**elephant** 象、**deer** 鹿、**camel** ラクダ、**giraffe** キリン、**owl** フクロウなどなど、動物事典で見た動物がみんないたよ。あっ、でも**penguin** ペンギンはいなかったよ。
　その後しばらくして、**aquarium** 水族館に行ったんだ。そこには、**whale** クジラはわからないけど**dolphin** イルカはいたね。恐ろしい**shark** サメもいて。こうして見てみると、ほとんどの動物はみんな見たことになるかな？もちろん、今まで一度も見たことのないのもあるよ。**dinosaur** 恐竜！
　こんな話をしてたら、その時代にも住んでいたといわれる**cockroach** ゴキブリが、今パソコンの横を通り過ぎようとしているぞ。ちょっと待ってて……。今、ティッシュでしっかり押しつけて圧死させたぞ。フフフ。

　昔、僕の姉の頭に**louse** シラミがいっぱいいて、夜になると捕まえてたんだ。**flea** ノミもいっぱいいたな。義兄さん、お姉さんにあんまり文句つけないでくれよ〜。みんな僕がうつしたんだから。僕たちが幼い頃には、**parasite** 寄生虫も本当に多かったんだ。
　じゃ、これで動物の話は完了！　動物たちよ、バイバーイ。

---

parrot [pǽrət]　　**lion** [láiən]　　**tiger** [táigər]　　**elephant** [éləfənt]　　**deer** [diər]　　**camel** [kǽməl]　　**giraffe** [dʒərǽf]　　**owl** [aul]　　**penguin** [péŋgwin]　　**aquarium** [əkwéəriəm]　　**whale** [hweil]　　**dolphin** [dálfin]　　**shark** [ʃɑːrk]　　**dinosaur** [dáinəsɔːr]　　**cockroach** [kákròutʃ]　　**louse** [laus]　　**flea** [fliː]　　**parasite** [pǽrəsàit]

ANIMALS 動物たち

● PET

rabbit ウサギ   cat 猫   dog 犬   parrot オウム   goldfish 金魚

● FARM ANIMALS

donkey ロバ   goat ヤギ   deer 鹿   cow 牛   rooster / hen 鶏（雄鶏／雌鶏）

duck あひる   pig 豚   horse 馬   sheep 羊   turkey 七面鳥   ostrich ダチョウ

● WILD ANIMALS

elephant 象   tiger 虎   lion ライオン   panda パンダ   giraffe キリン

fox 狐   buffalo 水牛   camel ラクダ   polar bear ホッキョクグマ   zebra シマウマ

75

単語暗記ノート

animal 動物

pet ペット

家畜と愛玩動物

shed 小屋

cow 雌牛
- bull 去勢していない雄牛
  ox 去勢した雄牛
  calf 子牛
  beef 牛肉
  veal 子牛肉
  fodder まぐさ = forage

bull 去勢していない雄牛

mate 交配させる

calf 子牛

dog 犬
- hound 狩猟犬

cur 雑種犬

hybrid 雑種 = cross, mongrel

cute 可愛い

puppy 子犬

pig 豚
- hog （成長した）豚
  piglet （子）豚
  boar （去勢していない）雄豚
  sow （成長しきった）雌豚
  swine （集合的）豚

pen 檻

goat ヤギ

mammal 哺乳類

livestock 家畜

poultry 家禽類

hen 雌鳥

cock 雄鶏
- hen 雌鳥
  chicken, chick ひよこ
  chicken 鶏肉

chick ひよこ

egg 鶏卵
- Our hen lays an egg every day.
  うちの雌鳥は、毎日卵を1つ生むんだ。

duck カモ

rat ねずみ

cat 猫

野生動物

snake 蛇
- serpent 蛇
  viper 毒蛇、マムシ
  cobra コブラ
  anaconda アナコンダ

poison 毒

viper 毒蛇
- I was nearly bitten by a viper. 毒蛇にかまれるところだった。

lizard トカゲ

frog 蛙

tadpole おたまじゃくし

amphibian 両生類
- ambi-, amphi- 二つの、両方の
  ambidextrous: ambi（二つ）+dexterous（手先が器用な）
  → 両手利きの
  ambivert: ambi（二つ）+vert（回る）→両向性格者
  ambiguous: 曖昧な

reptile 爬虫類

ditch 溝

a school of fish 魚の群れ

leech ヒル

carp コイ

fishing net 釣り網

tortoise 亀
- tortoise 淡水亀
  turtle 海亀

eel ウナギ

stamina 精力

grasshopper バッタ

caterpillar 毛虫

ant アリ

beehive 蜂の巣

bee 蜂
- I was stung by a bee. 蜂に刺された。

wasp スズメバチ

weasel イタチ

hare 野ウサギ
- hare and tortoise ウサギと亀

rabbit 飼いウサギ

鳥類と昆虫

swallow ツバメ

cuckoo カッコウ

insect 昆虫

mosquito 蚊
- I hardly slept because of the mosquitos last night.
  昨日の夜は蚊のせいでろくに眠れなかったよ。

mosquito net 蚊帳

insecticide 殺虫剤
- 語根 cid 殺す、切る
  genocide: gen（種）+cide（殺す）→大量殺戮
  homicide: homo（人）+cide（殺す）→殺人
  suicide: sui（自身）+cide（殺す）→自殺
  herbicide: herb（草）+cide（殺す）→除草剤
  patricide: patri（父親）+cide（殺す）→父親殺し
  matricide: matri（母親）+cide（殺す）→母親殺し
  filicide: fil（実の子）+cide（殺す）→実子殺害

moth 蛾

ephemera カゲロウ

・ephemeral カゲロウの、はかない = transient, transitory, volatile, evanescent, fleeting

fly ハエ

flyflap ハエたたき

pheasant キジ

soar 舞い上がる

eagle ワシ = vulture
・hawk 鷹 = falcon

sparrow すずめ

crow カラス

magpie カササギ

migrating birds 渡り鳥

魚類

fish 魚

tuna マグロ

salmon 鮭

trout マス

squid イカ

octopus タコ

oyster 牡蠣

動物園の動物たち

monkey 猿

gorilla ゴリラ

ape 類人猿

anthropoid 人に似た

wolf 狼

fox 狐

bear 熊

ostrich ダチョウ

peacock クジャク

parrot オウム

lion ライオン

tiger 虎

elephant 象

deer 鹿

camel ラクダ

giraffe キリン

owl フクロウ、コノハズク

penguin ペンギン

aquarium 水族館

whale クジラ

dolphin イルカ

shark サメ

dinosaur 恐竜

cockroach ゴキブリ

louse シラミ

flea ノミ

parasite 寄生虫

> その他の '動物' に関連した単語

ass ロバ　　**canine** 犬の　　**donkey** ロバ　　**feline** 猫の　　**horse** 馬　　**lamb** 子羊　　**sheep** 羊

07 >>> 植物

植物に対しても、
これぐらい知っていないとね

　ここではcreature 生物の半分以上を占めているplant 植物に関して、見てみよう。

　植物は大きくgrass 草とtree 木に区分できるそうだ。その基準が何かって聞かれても簡単に答えられないけど、普通、1年以上幹が続けて成長したらtreeで、そうじゃなかったらgrassになるんだ。それから、切ってみてannual ring 年輪があれば木で、なかったら草として区分するのが普通だ。それでか、bamboo 竹は木じゃなくて草なんだって。友だちに聞いてみたら、鎌 sickleで切れたら草で、のこぎり sawでなきゃ切れないのは木だそうだ。^^;

　この友だちはちょっと変わってるから、信じちゃいけないかも。^_^

見ただろう？俺はtreeなんだから！

あ、そう

creature [kríːtʃər]　plant [plænt]　grass [græs]　tree [triː]　annual ring [ǽnjuəl rìŋ]　bamboo [bæmbúː]

◆◆ 植物の体 ◆◆

植物は土の中にroot根を下ろしているよね。水と栄養分nutritionを摂取するためだからだろうね。もちろん、倒れまいとしてからかもしれないけどね。^_^

木の幹はstemっていうんだけど、普通stalkは草や花の幹を、trunkは木の幹をいうときによく使うんだ。幹を伝って登るとbranch枝が出てくるけど、ちょっと大きなのはbough大枝で、小さな枝はtwig小枝というんだ。人にたとえていうと、腕と脚がboughで、手と足の指がtwigに当たるんだね。^^

木に登ってtwig小枝に足を掛けて立ったらどうなるかな？ すぐに落ちて頭けがしちゃいます。キャハハ。

それから、枝にはleaf葉がついているね。収穫の季節の秋になると、木にたくさんぶら下がっているのがfruit実っていうんだ。

・This tree bears no fruit. この木には実がならない。

実の中心部には、硬く固まっているcore核があるそうだ。その中にはseed種があってね。果物をみんな食べて、coreだけ集めて酒に漬けてみるといいよ。ちょっと汚いけど、それなりに果実酒ができるよ。^_^

春になるとすべての植物がbud芽を出すよね。後にこれがflower花になるね。チューリップtulipみたいな観賞用の花 ornamental flowerはbloomといって、fruit

trunk
trunkは木の幹という意味もあるし、旅行用かばんや半ズボン、象の鼻、自動車のトランクという意味もあるよ。

leaf
like a leafだと、'木の葉のように'という意味になるんだ。どういう意味かというと、吹く風に木の葉が揺れるように、人が体をすごく震わせるときに使う表現なんだって。

---

root [ruːt]　stem [stem]　stalk [stɔːk]　trunk [trʌŋk]　branch [bræntʃ]　bough [bau]　twig [twig]　leaf [liːf]　fruit [fruːt]　core [kɔːr]　seed [siːd]　bud [bʌd]　flower [fláuər]　bloom [bluːm]　fruit tree [fruːt triː]

tree 果樹に咲く花はblossomっていうんだって。
　春になって、あちこちでたくさん見られる桜は、cherry blossomだ。
じゃ、桜の花の実は何かって？
'さくらんぼ、チェリー'だよ。

　誕生日にbunch of flowers花束をもらったことがあるだろ？　それをもらうと、petal花びらがwither枯れるする前にflower vase花瓶にきれいに挿しておかないとダメだよ。そうしないと、長持ちしないからね。
　枯れるのがすごく悲しかったら、artificial flower造花を買って挿しておけばいいよ。1カ月経っても全く枯れないんだから、なんて造化だ？

◆◆　植物の種類　◆◆

　幼い頃、一番よくある花がcosmosコスモスだと思っていた。田舎道にほんとにたくさん咲いてたからね。僕んちの裏庭には小さなflower bed花壇があったんだけど、そこにはgarden balsamホウセンカがほんとにたくさんあったんだ。
　その花が咲いたら、僕の姉はいつもそれを丁寧にひいて、手の爪を染めてたのを思い出すよ。この花は志操の象徴だから、touch-me-notとも呼ばれていたんだって。ちょうど、絶対に忘れるなっていう意味のforget-me-notワスレナグサのように、美しい名前だね。
　あ、そういえばこの花壇の端にはmorning glory朝顔も可愛く咲いていたんだ。僕は幼い頃、この花からラッパの

blossom [blásəm]　　cherry blossom [tʃéri blásəm]　　bunch of flowers [bʌntʃ əv fláuərs]　　petal [pétl]　　wither [wíðər]　　flower vase [fláuər veis]　　artificial flower [àːrtəfíʃəl fláuər]　　cosmos [kázməs]　　flower bed [fláuər bed]　　garden balsam [gáːrdn bɔ́ːlsəm]　　morning glory [mɔ́ːrniŋ glɔ́ːri]

音trumpet callがするって思ってたんだ。だって花が咲いた様子が、ラッパに似ているだろ。でも、絶対に音なんか出なかったね。-.-

それから僕んちにはなかったけど、暖かい春の日に学校に行く途中の道で、いつも黄色いgolden bellレンギョウと赤いroseバラがところどころで見られたんだ。

毎日食事をするときに出てくるキムチpickled cabbageは、Chinese cabbage白菜で作るんだ。cabbageキャベツにどうしてChineseがつくかって？ キムチを漬けるときに使う白菜は、その原産地が中国だからだそうだ。それからたくあんpickled radishは、radish大根で作るんだ。

ところで、garlicにんにくがどれだけ体にいいか知ってるだろ？ 早くにんにくをすり潰して作ったにんにくジュースが出たらいいのにな。僕だったら、ケースごと買って飲むよ。クククク。

西洋ではonionたまねぎがgarlicのように健康にいいといって、多くの料理に入れるんだ。ハンバーガーにはたまねぎが入るだろ。それを食べるのが嫌で、

"Hold the onions." たまねぎは入れないで。

なんて言う人がいるけど、健康にいいものだから食べなよ!! 韓国にはたまねぎやにんにくだけじゃなく、カプサイシンcapsaicinやビタミンvitaminが豊富なred pepper唐辛子をいろんな料理に入れるんだよ。

にんじん食べる？
目にいいんだって
もちろん

幼い頃はポパイのようになろうと、

---

golden bell [góuldən bel]　　**rose** [rouz]　　**Chinese cabbage** [tʃainiːz kǽbidʒ]　　**radish** [rǽdiʃ]
garlic [gáːrlik]　　**onion** [ʌ́njən]　　**red pepper** [red pépər]

cucumber
as cool as a cucumberは'落ち着いた'という意味なんだ。

apple
the apple of discordは'不和の種'という意味なんだけどね。Troy戦争の原因になった黄金のリンゴに由来した表現なんだ。そしてthe apple of one's eyeというと、'とても大切なもの[人]'という意味なんだけど、自分の瞳に映るほどいつも大切に見守っているということから由来した表現だ。

　spinachほうれん草もたくさん食べたよ。それから、目にいいからと言って、母が**carrot**にんじんをどれほどたくさん買ってきたことか。そのためか、僕は視力がとてもいいんだ。

　畑に行って**cucumber**きゅうりや**tomato**トマトを取って食べたことも、よく覚えてるよ。

　夏に**melon**メロンや**watermelon**スイカを盗み食いしようと畑に行くときには、妙な興奮と緊張があったなあ。いざ行ってみると、スイカと**pumpkin**かぼちゃを取り間違えて、割ってからうろたえたことがあったけどね。トホホ。

　僕は幼い頃から**strawberry**イチゴが好きだったんだけど、僕んちでは栽培してなかったから、山に登って**wild berry**野イチゴを飽きるほど取って食べたんだ。だからか、今でもイチゴ畑に行くと昔を思い出して興奮するんだ。恥ずかしい……！

　僕んちの横に、**fig tree**イチジクの木があったんだ。その傍には**persimmon tree**柿の木が3本もあって、秋になるといつもその柿が食べたかったんだ。でもたくさん食べると、ウンチが出ないって知ってるだろ？

　向かいの村に**orchard**果樹園をしている家があったんだけど、その家には僕んちにはない**apple**りんごや**(Chinese) pear**梨はもちろん、**grape**ぶどうや**peach**桃もあったんだ。通り過ぎるたびに、どれほどうらやましかったことか！

　僕んちの裏山を越えると、持ち主のいない**chestnut tree**栗の木がたくさんあって、秋になるといつも弟を連れて栗を取りに行ったものさ。

---

spinach [spínitʃ]　**carrot** [kǽrət]　**cucumber** [kjúːkəmbər]　**tomato** [təméitou]　**melon** [mélən]
watermelon [wɔ́ːtərmèlən]　**pumpkin** [pʌ́mpkin]　**strawberry** [strɔ́ːbéri]　**wild berry** [waild béri]
fig tree [fig triː]　**persimmon tree** [pəːrsímən triː]　**orchard** [ɔ́ːrtʃərd]　**apple** [ǽpl]
(Chinese) pear [(tʃainíːz) pɛər]　**grape** [greip]　**peach** [piːtʃ]　**chestnut tree** [tʃésnʌt triː]

◆◆ いろんな木々 ◆◆

　普通、木を**tree**っていうよね。背の低い木は**shrub**灌木や**bush**というんだ。**wood**は建築などに使う木材を指すんだよ。

・This table is made of wood.
　このテーブルは木でできている。

僕はもう
treeじゃないんだ。

bush
bushは'灌木'という意味もあるけど、'茂み'という意味でもよく使われる。beat around the bushという言い回しでよく使うんだけど、'茂みの周りばかりたたく'、つまり'遠まわしに言う、要点を避ける'という意味だ。

　韓国で一番多い木は何だか知ってる？
　答えは、**pine tree**松の木だ。
　　　　　じゃ、秋といえば思い出す木は？　これを見ようと、秋の週末になると高速道路が渋滞するだろ。 
　　　　　そう、**maple tree**もみじの木だ。紅葉したもみじの葉を取ってきて本の間に挟んで押し葉にしたのを思い出すよ。ところで、**oak tree**柏の木は木材が**hardy**丈夫なことで有名で、**家具類**furnitureによく使われるんだ。

いいなあ！

　幼い頃、ムク〔訳者注：そばの実・どんぐり・緑豆などの粉末をゼリー状に固めた韓国の食品〕jellyを作るのに最高の材料だった**acorn**どんぐりを取りに、山すそをかき分けて歩き回ったことも思い出すよ。**ivy**ツタがからまっていて、そこを通り抜けるのにすごく苦労したものさ。

　ここでクイズを1つ！
　木の中で一番お金をいっぱい持ってる木は？

---

tree [tri:]　**shrub** [ʃrʌb]　**wood** [wud]　**pine tree** [pain tri:]　**maple tree** [méipəl tri:]
oak tree [ouk tri:]　**hardy** [háːrdi]　**acorn** [éikɔːrn]　**ivy** [áivi]

そう、**ginkgo tree** イチョウの木（ギンコーツリー）だ。へへへ。
　もう1つ！　マラソンのときに優勝した人に被せられるのは？
　そう、**laurel crown** 月桂冠!!

　夏にはすべての木々が**verdant** 青々とした見事な姿になるけど、秋になれば大きく2つの部類に分かれるよね。秋には葉が色とりどりに染まって、冬になるとみんな落ちる**deciduous tree** 落葉樹と、どの季節もいつも青い**evergreen tree** 常緑樹だ。僕たちも、年をとってもいつも常緑樹のようでありたいね。

　松の木のように葉が鋭い木を**coniferous tree** 針葉樹っていうよね。針葉樹の葉を爪楊枝に使えばいいね。＾＾
　参考までに、広葉樹は**broad-leaved tree**だ。広葉樹の一種であるシュロの木は**palm**だ。もともとpalmは手のひらだよね。シュロの木の葉が手のひらのように広いからって付けられた名前なんだって。風が吹くとシュロの木は1人で拍手して遊んでればよいね。シラーッ。

---

ginkgo tree [gíŋkou tri:]　　**laurel crown** [lɔ́:rəl kraun]　　**verdant** [və́:rdənt]
deciduous tree [disídʒu:əs tri:]　　**evergreen tree** [évərgrì:n tri:]
coniferous tree [kouníferəs tri:]　　**broad-leaved tree** [brɔ́:dli:vt tri:]　　**palm** [pɑ:m]

VEGETABLES

radish 大根	 zucchini ズッキーニ	 eggplant なす	 tomato トマト	 corns とうもろこし	 potato じゃがいも
 artichoke アーティチョーク	 asparagus アスパラガス	 beet ビート	  broccoli ブロッコリー	 cauliflower カリフラワー	
 cabbage キャベツ	 lettuce レタス	 Brussels sprout 芽キャベツ	 carrot にんじん	 sweet potato さつまいも	
 turnip かぶ	  leek 西洋ねぎ	 green onion ねぎ	  onion たまねぎ	 garlic にんにく	
 cucumber きゅうり	 spinach ほうれん草	 chilli pepper (辛い) 唐辛子	 pea えんどう豆	 sweet pepper ピーマン	

単語暗記ノート

creature 生物

plant 植物

grass 草

tree 木

annual ring 年輪

bamboo 竹

植物の体

root 根

stem （木の）幹

stalk （草や花の）幹

trunk 幹

branch 枝

bough 大枝

twig 小枝

leaf 葉
- foliage （集合的）葉

fruit 実
- This tree bears no fruit. この木には実がならない。
- autumn foliage 紅葉

core 核

seed 種

bud 芽 = sprout, shoot

flower 花

bloom （観賞用の）花

fruit tree 果樹

blossom （果樹の）花

cherry blossom 桜

bunch of flowers 花束

petal 花びら

wither 枯れる

flower vase 花瓶

artificial flower 造花

植物の種類

cosmos コスモス
- cosmos コスモス、宇宙、秩序
- chaos 混沌、無秩序

flower bed 花壇

garden balsam ホウセンカ = touch-me-not

forget-me-not ワスレナグサ

morning glory 朝顔

golden bell レンギョウ

rose バラ

Chinese cabbage 白菜

cabbage キャベツ

radish 大根

garlic にんにく

onion たまねぎ

red pepper 唐辛子

spinach ほうれん草

carrot にんじん

cucumber きゅうり

tomato トマト

melon メロン

watermelon スイカ

pumpkin かぼちゃ

strawberry イチゴ

wild berry 野イチゴ

fig tree イチジクの木

persimmon tree 柿の木

orchard 果樹園

apple りんご

(Chinese) pear 梨

grape ぶどう

peach 桃

chestnut tree 栗の木

いろんな木々

shrub 灌木 = bush

wood 木、木材
・This table is made of wood. このテーブルは木でできている。

pine tree 松の木

maple tree もみじの木

oak tree 柏の木

hardy 丈夫な

acorn どんぐり

ivy ツタ

ginkgo tree イチョウの木

laurel crown 月桂冠

verdant 青々とした

deciduous tree 落葉樹

evergreen tree 常緑樹

coniferous tree 針葉樹
　needle 針葉樹の葉

broad-leaved tree 広葉樹

palm シュロの木 （人の手のひらに似てpalmという）

▶ さらに知っておきたい単語

ginseng 薬用人参　greengrocer 青物商　narcissus 水仙　vegetable 野菜

2 感情と性格

01 >>> 喜びと悲しみ

喜びを分かち合うと倍になり、悲しみを分かち合うと半分になる

◆◆ 喜び ◆◆

「きみたち」
ヒヒ

人が生まれつき持った自然な**emotion** 感情は**joy** 喜びと**sorrow** 悲しみじゃないかな？ 生まれたての赤ん坊でも**smile** 微笑むするし、**cry** 泣くするだろ。まさか**赤ん坊** baby が**envy** 嫉妬とか**wrath** 憤怒を持っているって思ってるわけじゃないだろうな？
「なんだ？ あいつの**オムツ** diapers は俺のよりも吸収力がずっといいじゃないか?! チェッ!!」
「ウワッ、むかつく!! 俺には**哺乳瓶** baby bottle みたいなもんばっかしゃぶらせておいて、自分らはうまい肉なんか焼いて食ってる！（よだれをダラダラ出しながら）ワ～うまそうだな」
やっぱりおかしいよね？

emotion [imóuʃən]　**joy** [dʒɔi]　**sorrow** [sárou]　**smile** [smail]　**cry** [krai]　**envy** [énvi]　**wrath** [ræθ]

笑うのにもいろいろあるんだ。声を出さずに微笑むのをsmileっていって、声を出して笑うのをlaughっていうんだ。2つが最も一般的に使われているよ。それから歯を見せてにっこり笑うのがgrinだ。

　友だちがズボンにウンチfecesを漏らしたら、giggleクックッと笑うするよね。みんなが便秘constipationで苦労しまくって1週間ぶりにやっと便を出すのに成功したら、chuckle満足げに笑うしてね。ドアの前で弟が、そんなことまで自慢かって言ってlaugh atあざ笑うだろうよ。

「へへへ、うちの姉ちゃんは腹の中に浄化槽septic tankがあるみたいだ!!　何日も溜めてやんの」

　もしみんなが宝くじlotteryで1等に当選したら、inside joke人にわからないようにで笑わないとダメだよ。大きな声でburst into laughter爆笑するしたら、いきなり知り合いのふりをした人たちが長い列を作るstand in a lineだろうからね。僕は知り合いのふりをするよ。へへへ。「僕のこと知ってますか？　この本の著者、ムン・ドクです～～。イヤ～ン、千円だけちょうだい～～!!」

　人をamuse楽しませるしようと思ったら、joke冗談をいっぱい知っておかな

語根lud　'遊ぶ'

語根ludは'遊ぶ'という意味なんだ。ludicrousはludに形容詞型接尾詞-ousがついて、'遊んでいる'、つまり'こっけいな'という意味だ。
・com(一緒に)+lud(遊ぶ)→共謀する(collude)

---

laugh [læf]　　grin [grin]　　giggle [gígəl]　　chuckle [tʃʌkl]　　laugh at [læf æt]　　inside joke [insáid dʒouk]　　burst into laughter [bɚːst íntu læftər]　　amuse [əmjúːz]　　joke [dʒouk]

いとね。一番**ludicrous**こっけいな話は、人の実際の生活の中から出てくるものだと思う。

以前、ある人が道を歩いていてすごくウンチをしたくなったんだけど、トイレが見つからなくて近くの**現金自動預払機**ATMのある**無人**self-service銀行店舗に入って、そっと新聞紙を敷いて用を足したんだって。それから急いで新聞紙で包み込んで胸に抱いて出た途端、オートバイの**ひったくり**thiefがそれをすばやくひったくって、逃げて行ったんだってさ。ヒヒヒ、そのひったくりの奴、新聞紙開いてオエッてして気絶しただろうな。^_^

こんな話をいっぱい聞いたら、ホント気分が**joyous**楽しいになるね。しょっちゅう笑うように心がけようね。

どこかで聞いた話だけど、一度大笑いするのは、**登山**hikingをするのと同じぐらい、健康にすごく役立つんだって。それじゃ、世の中で一番健康にいいのはなんだか知ってる？　当然、登山しながら笑いまくることだよ。^^; 多分、単に楽しいだけじゃなくて**ecstasy**恍惚を味わえると思うよ。えっ！麻薬の**エクスタシー**ecstasyならかばんの中にあるって？

「おまわりさーん。あそこの学生を捕まえてよ。自分だけ使おうとしてるよ」^_^

僕が読者のみんなを笑わせようと努力しているのは、みんなの英語の実力を上げて長生きしてもらうためなんだから、僕に感謝しなくちゃダメだ

登山
'登山'というとclimbが思い浮かぶだろ？　ところが、climbは登山装備を備えてロッククライミングなどをするというときに使って、自転車旅行や軽い山登りはhikingを使うんだ。

エクスタシー―ecstasy
幻覚性や中毒性がとても強い麻薬（エクスタシー）を、ecstasyっていうんだ。主にカプセルや錠剤で服用するんだ。

---

ludicrous [lúːdəkrəs]　**joyous** [dʒɔ́iəs]　**ecstasy** [ékstəsi]

ぞ。へへへ。

「ムン・ドク先生は私の健康を守ってくれるお医者さんなのよね」

こんなことも言えないくせして、ある学生は僕の講義の**質問表**questionnaireにこんなことを書いたんだから、まったく！

「授業を遊びだと思ってるのか!?」

くっそー！ こんなことを聞くたびに、ストレスがどんどん溜まるんだ。そんなとき、僕は次の日に登山をすることにしているんだ。もちろん、山に登りながらずっと狂ったように笑うんだ。そうするともう一度**エンドルフィン**endorphinがわいてきて気分がよくなるのさ。僕って、狂ってるの？

◆◆ 悲しみ ◆◆

いつも明るく笑いながら暮らせれば、どれだけいいことか。でも生きているとどうしても**make a face**顔をしかめるする日も出てくるだろ。まあ、たまには**upset**憂鬱な気分にもなってこそ、バラード歌手も生計が成り立つんだけどね。いつもニヤニヤしてたら、バカみたいじゃないか？

人は心理的に**regret**後悔するするときに憂鬱になるんだって。後悔したら、**depressed**意気消沈ししながら気分がダウンモードにパッと変わるんだ。

後悔しないこと、それが何よりも**幸せな生き方の秘訣**secret of a happy lifeということ！ もちろん、後悔することをし

語根press'押す'

語根pressは'押す'という意味だ。だったらdepressは？'下'という意味のdeとpress（押す）が合わさって、'意気消沈させる'という意味になるんだ。

・im(中)+press(押す)→感銘を与える(impress)

upset [ʌpsét]　**regret** [rigrét]　**depressed** [diprést]

でかしても後悔しなければ、それは **shameless** 図々しいっていうもんだ。気の毒だけど、僕もよく後悔するタイプなんだ。

サッカー常識
8強はquarterfinalsといって、4強はsemifinals、決勝はfinalsというんだ。

前にあったオリンピックのサッカーで韓国とマリとの**予選トーナメント** preliminary matchを見てから、次の日の早朝の授業に30分も遅れたときは、寝ずにサッカーを見たことをどんなに後悔したことか。早朝に出てきて僕を待っている生徒たちに、**良心の呵責** compunctionを感じながら授業も十分にできず、うとうとと居眠りをしてしまったからね……^^;

ホームシック
他国にいるときに感じる'郷愁'を意味するnostalgiaやhomesick！この2つの違いは何だろう？ 外国に留学して、自分の国がとても懐かしくて帰りたくなったらhomesickで、留学から帰ってきて留学してた頃に毎朝通っていたスターバックスを自分の国で発見して、そのときの幸せだった追憶を回想しながら気分がよくなったらnostalgiaなんだ。

僕のふるさとはすごく田舎なんだ。だからよく **homesick** ホームシックになるんだ。母にも会いたいし、シクシク……。ああ、気分が急に **mournful** 悲しくなるになるな。特に去年亡くなったおばあちゃんのことを考えると、**shed tears** 涙を流すしちゃうんだ。おばあちゃん、会いたいよ〜！

・I often shed tears for my deceased grandmother. 僕は亡くなったおばあさんに会いたくて、しょっちゅう泣く。

最近は周囲で **pathetic** 哀れだな人たちがとても多くて、**pity** 同情するするよ。明るく笑いながら暮らすことが、ちょっと悪く思われもするしね。みんなもテレビを見ていたら、可哀そうな人たちのために一瞬 **sympathize** 同情するする程度を超えて、**moan** 悲しくなるにならないか？

実は、僕がそうなんだ。^^;

みんなはどんなふうに泣く？

shameless [ʃéimlis]　**compunction** [kəmpʌ́ŋkʃən]　**homesick** [hóumsìk]　**mournful** [mɔ́ːrnfəl]
shed tears [ʃed tɛər]　**pathetic** [pəθétik]　**pity** [píti]　**sympathize** [símpəθàiz]　**moan** [moun]

泣くのに種類なんてあるのかって？　**cry**が声を出して泣くのだったら、**weep** 声を出さずに泣くは静かに涙を流して泣くことだ。振動泣きもあるかって？　どうかな。もし体をぶるぶる震わせて泣くんだったら、多分そんな泣き方になるだろうな。女性が泣くときによくするのが**sob** むせび泣くするって感じだな。**wail** 慟哭するしたら、うるさくて文句言われるかもしれないから、そうするのかもね。あっ！　ウォーウォ〜って興奮しないで。冗談なんだから。

幼稚園に通う子どもたちがよくするのが、最初に**whimper** すすり泣きするしてから、結局は**blubber** エンエン泣くすることだろ。
「パパ、遊園地に行こうよ、遊園地〜」
それでも父親が何の反応も見せなかったら、子どもはそのまま寝たり外に出て遊んだりするもんだ。2時間も過ぎたら何を言っていたか覚えてもいないさ。だから子どもがねだるときは、2時間だけ我慢しよう。^^

僕の妹は子どものとき、毎日泣いてばかりで、周りの人から**crybaby** 泣き虫って呼ばれてたんだ。あんまり泣くもんだから、いつも目が腫れていてね。

・My sister's eyes were swollen she was crying so much. 僕の妹は泣いて目をパンパンに腫らしてた。

weep [wiːp]　**sob** [sɑb]　**wail** [weil]　**whimper** [hwímpər]　**blubber** [blʌ́bər]　**crybaby** [kráibèibi]

appeaseの語源
ad(to)+pease(peace)
→平和にする

peaceはみんな知っているように、平和を意味するね。だったら、'なだめる' という意味のappeaseは？ ap-は接頭詞ad-の変形なんだ。ad-はtoの意味で、'接近、方向、平和、添加、増加、強調'の意味なんだ。peaseはpeaceの変形でね。だから相手側に平和を送る(to peace)、つまり'相手を落ち着かせる、なだめる' の意味になったそうだ。

　いつだったか、ある歌手が僕の妹のために「僕の大好きな泣き虫」っていう歌を作って歌ってくれたんだ。
「そのきれいな目に～目やにがついてるぞ～。何が悲しくて、目やにをつけてるんだい？～～？♪」
　まあ、こんな歌だったな。へへへ。^^;;

　こうやって妹が泣いていると、僕はおんぶしてよく**appease**ぁゃすしたものさ。おんぶしてまであやしてやってるのに、ずっと泣いていると、僕のこぶしが泣いたものさ。

appease [əpíːz]

単語暗記ノート

喜び

emotion 感情

joy 喜び

sorrow 悲しみ

smile 微笑む

cry 泣く

envy 嫉妬

wrath 憤怒

laugh 声を出して笑う

grin にっこり笑う

giggle クックッと笑う

chuckle 満足げに笑う

laugh at あざ笑う

inside joke 人にわからないように笑う

burst into laughter どっと笑い出す
- burst out crying わっと泣き出す

amuse 楽しくする

joke 冗談

ludicrous こっけいな
- 語根 lud '遊ぶ'
  ludicrous: lud（遊ぶ）+ous（形容詞型接尾詞）
  →こっけいな（遊んでいる）
  collude: com（一緒に）+lud（遊ぶ）→共謀する
  delude: de（強調）+lud（遊ぶ）→たぶらかす、だます
  prelude: pre（前もって）+lud（遊ぶ）→前奏
  postlude: post（後）+lud（遊ぶ）→後奏

joyous 楽しい

ecstasy 恍惚、エクスタシー（麻薬の一種）

悲しみ

make a face 顔をしかめる
- Don't make such a long face. 表情をちょっと和らげなさい。

upset 憂鬱な = down

regret 後悔する

depressed ①意気消沈した、②不景気の
- 語根 press 押す
  depress: de（下）+press（押す）→意気消沈させる
  impress: im（中）+press（押す）→感銘を与える
  compress: com（強調）+press（押す）→圧迫する
  suppress: sub（下）+press（押す）→鎮圧する、抑制する
  repress: re（強調）+press（押す）→鎮圧する、抑制する

shameless 図々しい

compunction 良心の呵責

homesick ホームシック

mournful 悲しい、悲しみに陥る

shed tears 涙を流す
- I often shed tears for my deceased grandmother. 僕は亡くなったおばあさんに会いたくて、しょっちゅう泣く。

pathetic 哀れな
- 語根 path 感じる(feel)
  pathetic: path（感じる）+tic（形容詞型接尾詞）→哀れな
  antipathy: anti（反対）+path（感じる）→反感
  apathy: a（not）+path（感じる）→無関心、冷淡
  telepathy: tele（遠く）+path（感じる）→テレパシー

- 'ひどい、情けない、醜い' という意味でも使われる。
  Isn't it pathetic? それはちょっと話にならないんじゃないか？
  You're pathetic. お前は本当に情けないな。

pity 同情

sympathize 同情する

moan 悲しむ

weep 声を出さずに泣く

sob しくしく泣く、むせび泣く

wail 慟哭する

whimper すすり泣きする
- Starts off with a bang and ends with a whimper.
  竜頭蛇尾（大きな声で始めて小さな声で終わる）

blubber エンエン泣く

crybaby 泣き虫

appease あやす

02 >>> 驚きと恐怖

この世で一番びっくりするような怖い話

　生きていると、想像もしてなかったことに**surprised**驚くすることがいっぱいあるよね。ちょっとびっくりすることから、ひどくびっくりするようなことまで、並べてみようかな？

surprise < astonish[amaze] < astound < dumbfound < consternate[alarm]

　上にあるように、意外と**alarmed**すごく驚いたの意味が強くて、surpriseの意味が一番弱いんだ。だからろくに息ができないほどひどく驚いておきながら、次のように表現するのはばかみたいだよ。
　"I was surprised at the news." 僕はその話を聞いて、驚いた。

　朝alarmを聞いても起きない人は、alarmの**ニュアンス**nuanceを無視しすぎているんだ。
　考えてもみろよ。夜明けの平穏な静けさをかき乱すけたたましいベルの

surprised [sərpráizd]　alarmed [əlá:rmd]

101

音、alarmの意味はとてつもなく強いだろ？　でも実は僕個人としては、最近のアラームの音は眠気を覚ますのにあまり効果がないんだけどね。もっとうるさいnoisy音が必要なのに……。こんなのはどうかな？　雷の音、豚を捕まえるときの鳴き声、鉄の扉を釘で引っかく音……。こんな音が出るアラーム時計があったら、僕に連絡して。^^

もしみんなが、道端に駐車中のバスの後ろでそっと用を足しているのに、突然車がエンジンをかけたらびっくりするだろ？　そのうえ泣きっ面に蜂で、そのバスがバックしてきたら？　そんな状況に出くわしたような感じが、まさに**embarrass** 当惑させる なんだって。

じゃ、そんなときはどうするかって？　心配しないでバスがバックする速度に合わせて1歩ずつ引き下がりながら続けて用を足すしかないじゃないか。キャハハ。

ところが、もし車の後ろから人が降りてきたら、それこそほんとに**dismay** うろたえさせる するよね。そんなときは、ズボンを上げずに、そのまま妙な笑いを浮かべてみるのさ。そうすると、相手は哀れそうに一度眺めてから、そのまま行ってしまうかもしれないぞ。^^;

驚きの感情を超えて、恐ろしいという感情になるときもあるね。それがまさに**frighten** 怖がらせる なんだ。surpriseと区別してね。

・I was surprised at the news. 私はその知らせを聞いて驚いた。
・I was frightened at the news. その知らせを聞いて怖くなった。

embarrass [imbǽrəs]　　**dismay** [disméi]　　**frighten** [fráitn]

fear恐怖の中でも、ちょっと特別なのがあるんだけど、多くの人々が同時に感じる多少集団的な恐怖は、**panic**っていうんだって。例えば戦争やテロの噂が流れると、みんなが感じる感情はpanicだ。

・Don't panic. 落ち着いてください。

ものすごい恐怖panic
Panという神は、ギリシア・ローマ神話に出てくる'森の神'だ。なにしろ身の毛がよだつような容貌の神で、森で遊んでいる恋人たちに嫉妬していきなり現れて、彼らを驚かしたそうだ。それから、突然のものすごい恐怖をpanicって呼ぶようになったんだそうだ。

　必ずしも**仏教**Buddhism信者じゃなくても、お寺の本堂で仏様を見ていると、**awe**畏怖が感じられるだろ。多少平穏ながらも尊敬する感情が感じられるじゃない。少し怖い感じがしながらもね。僕は仏様が僕の心の中をすっかり見抜いているような感じがして、ちょっと怖いんだけどね。だからかな、必ず懺悔するようになるんだ。

　僕の弟は幼い頃、学校から帰ってくる途中、山で死んだ人を見つけたことがあるんだ。想像できないほど**awful**むごたらしい場面だっただろうな。そのときの衝撃で、弟はいまだにぼうっとしてるみたいなんだ。

　もし口元から血を流した**幽霊**ghostが、実際に僕たちの前に現れて喰ってやるって**intimidate**脅すしたら、どれほど**ghastly**身の毛がよだつするかな？　多分**aghast**唖然とするして、僕でも知らないうちにおしっこ漏らしてカチカチになるだろうな。

・He stood aghast at the terrible sight. 彼はむごたらしい光景を見て、魂が抜けたように立っていた。

intimidate
intimidateは〈in(中)+timid(怖がりの)+ate(〜させる)〉の組み合わせなんだ。だから、'恐れをつっ込む、脅す'という意味になるんだ。

fear [fíər]　panic [pǽnik]　awe [ɔː]　awful [ɔ́ːfəl]　intimidate [intímədèit]　ghastly [ɡǽstli]
aghast [əɡǽst]

みんなは恋人が**共同墓地**public cemeteryで**キャンプ**campingしようって言ってきたら、どうする？　オーケーしたら、ほんとに**brave**勇敢なな人だと思うよ。僕は肝っ玉が小さくて、ダメだろうな。^^　でも、共同墓地ほど男女の絆を強くするところはないようだよ。どうしてかって？　一晩中、抱き合ってなくちゃいけないからね。ハハハ。もしその誘いを断ったら、**coward**弱虫だってからかわれるだろうね。こう言って、怒り出すかもしれないぞ。

　「そんなに**cowardly**臆病なで、私たちの愛をどうやって守れるっていうの？　私たち、もうおしまいね!!」

　なんてね。ほんとにこんな誘いをしてきたら、その彼女とはすぐに別れたほうがいいよ。その女こそ、多分化け物だろうからね。^_^

brave [breiv]　　coward [káuərd]　　cowardly [káuərdli]

単語暗記ノート

surprised 驚いた
- I was surprised at the news. 僕はその話を聞いて、驚いた。

alarmed すごく驚いた
- alarm clock 目覚まし時計
- set the alarm clock 目覚まし時計をセットする。
  turn off the alarm clock 目覚まし時計を止める。
  The alarm clock goes off. 目覚まし時計が鳴る。

embarrass 当惑させる

dismay うろたえさせる

frighten 怖がらせる
- I was frightened at the news. その知らせを聞いて怖くなった。
- fright 恐怖
  flight 飛行、逃走、逃亡
  freight 貨物

fear 恐怖

panic 集団的な恐怖、恐慌
- Don't panic. 落ち着いてください。
- The sudden slump in stocks caused a panic with investors. 株式が突然暴落して、投資者たちはパニックになった。

awe 畏怖

awful むごたらしい = terrible

intimidate 脅す

ghastly 身の毛がよだつ
- get goosebumps 身の毛がよだつ、ひやりとさせる

aghast 唖然とする
- He stood aghast at the terrible sight. 彼はむごたらしい光景を見て、魂が抜けたように立っていた。

brave 勇敢な

coward 弱虫
- 彼は弱虫だ。
  He is yellow-bellied.
  He has no guts.
  He has no backbone.
  He is a coward.
  He's a chicken.

cowardly 臆病な

03 >>> 嫉妬・失望・怒り

あの子のほうが可愛いって？
がっかりだわ、あっち行ってよ

人間の感情も**進化**evolutionするのかな？ **joy**喜びと**sorrow**悲しみが、人間が持って生まれた一番自然な感情なら、**anger**怒りや**fear**恐怖、**envy**嫉妬などももっと進化した、いや退化した感情だろうね。年をとりながら僕たちの**innocent**純粋な感情は、いろんな異質物を取り込みながら、徐々に**corrupt**墜落したするんじゃないかな？ 否定的すぎる解釈かな？

その中でもenvyは不幸と一番密接な関係があるんだ。ところが、envyという単純な感情の状態を超えて、自分よりも**優れた**superior人をねたんだり、ひどいときには憎みもする**jealousy**ねたみの段階まで行ったら、すでに僕たちの純粋な魂は、ほとんど

語根rupt '壊す'

語根ruptは'壊す'という意味なんだ。corruptのcorは意味を強調するcomの変形さ。これにruptがひっつくと'堕落した'の意味になるんだ。
・dis(遠く)+rupt(壊す)→崩壊させる(disrupt)

joy [dʒɔi]　**sorrow** [sárou]　**anger** [ǽŋɡər]　**fear** [fiər]　**envy** [énvi]　**innocent** [ínəsnt]
corrupt [kərʌ́pt]　**jealousy** [dʒéləsi]

救済不可能な irremediable 状態になってしまうんだ。

だからこれからは適当に **content** 満足する できる人にならないとね。僕もこれからは、原稿を書くときに満足を感じながら書いてみるよ、ハハハ。こんな言葉聞いたことない？

"Happiness consists in contentment." 幸福は満足にある。

成功した人を見ながら、自分も成功したいっていう **wish** 願い を持つことは、とても自然な envy で、そのことをあまり異常なことだと思わないでね。特に若い人には **ambition** 野望 を育むから、とっても大事なんだって。

僕たちが何かをしていて、うまくいかないときに感じる感情が、**disappointment** 失望 なんだ。今この瞬間にも美しい女性に 言い寄ろうと court してるなら、一度くらい失敗したからって、あまり簡単に **disappointed** 失望する したら、それはかえってその女性のことがあまり好きじゃなかったっていう証拠じゃないかな？　僕はこの言葉があまり好きじゃないけど、よくこう言うじゃないか。

"Little strokes fell great oaks." 点滴石をうがつ。

多分この言葉を人生哲学にして生きていく人が、ほかでもなく **ストーカー** stalker だと思うよ。キャハハ。

I envy you.

アメリカ人は I envy you.（うらやまし〜い）という表現をよく使わないってこと、知ってる？　親しい友だちが来週海外旅行に行くと仮定してみようか。そんな状況で、僕たちはすごく自然に'うらやまし〜い'って言うだろ。でもアメリカ人たちは大部分が、'うわ、よかったね。気をつけて行っておいで'って言うんだ。海外旅行に行くというネイティブの友だちに I envy you. って言ったら、多分とまどいながら、'君も行けばいいじゃないか'なんて言うだろうよ。

---

content [kəntént]　　wish [wiʃ]　　ambition [æmbíʃən]　　disappointment [dìsəpɔ́intmənt]
disappointed [dìsəpɔ́intid]

でも次の言葉は、僕のお気に入りなんだ。
"Easy come, easy go." 得やすいものは失いやすい。
愛はもちろん、どんなことでも簡単に得ようとするなっていう名言だ。

友だちが**理想の彼氏**Mr. Rightを紹介してくれるって言ったって？ そんなときは、友だちにこう言ってやろう。
"Don't let me down." 私を失望させないで。
ところが結局、失望してしまうんだね。友だちの話ではそれこそサウジの王様レベルだったけど、会ってみると醜い顔の男がそこにいたり、**同い年**the same ageって言われて会ってみると干支が同じだけで、親戚のおじさんぐらいの年の人だったりして。-.-;;
だから紹介なんて受けないほうがいいよ。どこの誰だかわかんないような奴が出てくるんだからさ。

失望が**怒り**angerにまで発展することがよくあるよね。
例えば、眠くて寝ようとしている友だちにずっと電話をするのは、その友だちを**irritate**イライラさせるさせることなんだ。そのうえ、**collect call** 料金受信人払い通話などかけようものなら、**enrage**激怒させるするぞ。きっと友だちが**rage**激怒して**絶交しよう**break offって言うと思うよ。^^
僕の父が言ってたことなんだけど、人の癌細胞はいつできるかっていうと、単純に**angry**怒った状態じゃなくて、**indignant**激怒した状態なのに**get angry**怒るしないで、長い間心の中で**swallow one's anger**怒りを鎮めるしていときにできるんだって。
うわ～、うちの父さんってす**ご**～い。

・I got angry with her. 僕は彼女に腹を立てた。
・I got angry at her rude behavior. 僕は彼女の無礼な行動に腹が立った。

ブラインドデート（お見合いよりも軽い感じで見知らぬ男女が１：１でデートすること）
'わたし昨日、ブラインドデートしたの'って言いたかったら、I had a blind date yesterday.って言えばいいんだ。

接続語en- '作る'
en-は'作る'という意味があるんだ。enrageはen(make)に'激怒'という意味のrageがついて、'激怒する'という意味になるんだ。
・en(make)+danger(危険)
→危険にさらす(endanger)

anger [ǽŋgər]　irritate [írətèit]　collect call [kəlékt kɔːl]　enrage [enréidʒ]　rage [reidʒ]
angry [ǽŋgri]　indignant [indígnənt]　get angry [get ǽŋgri]　swallow [swálou]

とにかく、みんなの性格がirritable怒りっぽいだったら、冷静になったほうがいいよ。一般的に、いつもsullenむっつりしたしていたり、blunt無愛想だな人は、年をとってから健康を害しやすいっていうよ。怖いだろ？　あ、また顔をしかめてる。ダメだってば。

irritable [írətəbəl]　　**sullen** [sʌ́lən]　　**blunt** [blʌnt]

単語暗記ノート

joy 喜び

sorrow 悲しみ

anger 怒り

fear 恐怖

envy 嫉妬
- jealousy ねたみ
- be green with envy 嫉妬する

green eye 嫉妬に満ちた目

innocent 純粋な

corrupt 堕落した
- 語根 rupt 壊す
  corrupt: com（強調）+rupt（壊す）→堕落した
  rupture: rupt（壊す）+ure（名詞形接尾詞）→破裂
  disrupt: dis（遠く）+rupt（壊す）→崩壊させる
  erupt: ex（外）+rupt（壊す）→どっと出る、噴出する

jealousy ねたみ

content 満足する
- complacent 自己満足する (self-satisfied)

wish 願い

ambition 野望
- ambitious 野心のある

disappointment 失望

disappointed 失望した

irritate イライラさせる、怒らせる

collect call 料金受信人払い通話

enrage 激怒させる
- 接頭語 en- 作る
  enrage: en(make)+rage（激怒）→激怒させる
  endanger: en(make)+danger（危険）→危険にさらす
  enlarge: en(make)+large（大きい）
  →大きくする、詳細に説明する

rage 激怒

angry 怒った

indignant 激怒した

get angry 怒る
- I got angry with her. 僕は彼女に腹を立てた。
  I got angry at her rude behavior.
  僕は彼女の無礼な行動に腹が立った。

swallow one's anger 怒りを鎮める

irritable 怒りっぽい

sullen むっつりした

blunt 無愛想だ
- 今日はイライラする。
  I feel annoyed today.
  I am not in good humor today.

04 >>> 性格と品性

おい、落ち着きなよ

* * *

どうして人は**personality** 性格がお互いに違うのかな？ 昔の人の話によると、人間は活力を象徴する**blood** 血、無気力を見せる**phlegm** 痰、怒りを表す**bile** 胆汁、そして憂鬱を意味する**melancholy** 黒い胆汁の4つの**humor** 体液があって、それらがお互いにどのように**配列する** disposedのかによって、その人の先天的な**disposition** 気質が決定されるっていうんだ。だから英語でも**phlegmatic** 無気力な、**choleric** 怒りっぽい、**melancholy** 憂鬱なのような単語があるんだ。

・Every person has their own personality.
人によって性格もさまざまだ。

患者さんの体液には黒い胆汁が多いですね

憂鬱だな…

melancholy

melancholyはdownやdepressedと意味が少し違うんだ。downやdepressedは何かの出来事が起こって憂鬱なことをいってね、melancholyは習慣的に、もしくは生まれつき憂鬱な性格をいうんだ。

melancholyはmelan(black)とchloer（胆汁）の合成語で、昔は黒い胆汁が多かったら憂鬱になるって考えられてたそうだ。

---

personality [pɚ̀ːrsənǽləti]　**blood** [blʌd]　**phlegm** [flem]　**bile** [bail]　**melancholy** [mélənkὰli]　**humor** [hjúːmər]　**disposition** [dìspəzíʃən]　**phlegmatic** [flegmǽtik]　**choleric** [kάlərik]　**melancholy** [mélənkὰli] dispositionも元々は'配列'の意味だけど、'性質、気質'という意味でも使われるそうだ。僕は個人的にmelancholyが多いみたいなんだ。歌を歌っても、いつもバラードしか歌わないのを見てもね。トホホ。

　みんなの性格はどうかな？　初めて会う人とざっくばらんによくassociate付き合うするほうかな？　そうだったら、ほんとにsociable社交的なな人だよ。それから間違いなくcheerful明朗なな性格を持った人だろうしね。ところが相手が、こちらが望んでもいないのに続けて話しかけてくる人だったら、その人の職業は間違いなく伝道師missionaryだろうね。
　「終末が近づいています。神を信じなさ〜い」
　それとも、ナイトクラブの客引きtout？
　「ちょっと、そこのお兄さん〜。今日は美人が揃ってますよ〜」

　活気があって外向的な性格の人を、extrovert外向型の人な性格の人っていうだろ。お宅のお母さん、ほとんど家にいなくていつも社会活動を楽しんでいるextrovertだって？
　それじゃあ、お父さんに言いつけてやろう。もしかしていつもパチンコ店にいたりするかもしれないぞ。

associate [əsóuʃièit]　sociable [sóuʃəbəl]　cheerful [tʃíərfəl]　extrovert [ékstrouvə̀ːrt]

冗談さ！　本当にそうやって言いつけたら、僕が叱られるよ。-..-;
・My mother has a very animated disposition. 僕の母は、とても活気のある性格だ。

　全部がそうじゃないだろうけど、外向的な人たちは**大部分talkative**おしゃべりな場合が多い。口数が多くてそのうえ、話し出したら止まらない人を、'**glib**口が達者な'というよね。将来、薬売りにでもなればいいね。^^よく話すのは我慢できるけど、人の秘密を簡単に**divulge**漏らすする友だちは、ほんとに我慢できないよね。そんな友だちとは付き合いたくないな。こんな奴っているんじゃないか。  
　「おい、教えてやろうか。ムン・ドク先生ってバカなんだぞ〜〜!!」
　フン！　こんな友だちって大嫌い!!　そんな友だちは、こんなことを言われても言いすぎじゃないぞ。
　"She has a big mouth." 彼女は口が軽い。

それから口の軽い友だちには、こんなお願いは何の意味もないね。
"Keep it to yourself." お前だけ知ってろよ、秘密だ。
そう言っても全くダメ。次の日になったらその話は青瓦台の掲示板に載ってるんだから。^^

　話をするときにいつも何でも完璧にできるっていって、**pompous**大言壮語するな人たちがいるだろ。こんな人たちは、よく実際よりも**exaggerate**誇張するしがちだよな。だんだんひどくなって、

talkative [tɔ́ːkətiv]　　**glib** [glib]　　**divulge** [divʌ́ldʒ]　　**pompous** [pámpəs]　　**exaggerate** [igzǽdʒərèit]

brag ほらを吹くまでするんだ。

新林洞の考試院〔訳者注：国家公務員試験を受ける人が勉強するための部屋〕で出会ったある青年が、司試〔訳者注：司法試験の略、'サシ'と発音〕に受かったと自慢しまくってたけど、よく見てみると**斜視**〔訳者注：サシと発音〕cross-eyedの場合もあるしね。自分の家がソウルの江南区にある超高級マンションの**タワーパレス**Tower Palaceと言ってたくせに、いざ行ってみると**タワークレーン**Tower Craneだったってこともある。キャハハ。

こんなときはこう言おう。

"Shut your big mouth and stop bragging!" ほら吹くな！

"You're always telling tall tales." お前はいつもほらばかり吹いてやがる。

＊＊＊

多くの学生たちは、僕が講義する様子を見て、「ムン・ドク先生は普段もすごいtalkativeだろうな」って思ってる人がいるけど、それは全くの見当違いだ。僕は授業時間にたくさんしゃべりすぎるからかもしれないけど、個人的に人に会うときにはとっても**reticent**寡黙なんだからね。あんまりにも話さないから、僕のあだ名は'ランプ'だ。ほんとだぞ。僕は地下鉄に乗ったら、隣に座ってる人たちに一言も話さないんだからね。キャハハ。

brag [bræg]　**reticent** [rétəsənt]　**introverted** [ìntrəvə́ːrtid]

性格もすごく**introverted**内向的なほうだから、主に本を読んで思索するのが好きな**introvert**内向型の人な性格の持ち主なんだ。小学校のとき、趣味活動欄に'瞑想contemplation'って書いたら、担当の先生にひどく叱られたこともあったんだ。へへへ、子どものときはほんとに**shy**はにかみ屋で、女の子の前では口もきけなかったんだ。今では女子学生の前に立たないと、うまく話せないけどね。ハハハ

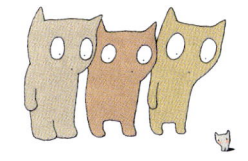

あんまり恥ずかしがっていると、**lack of confidence**自信がないみたいに見えることもあるから、あんまりいいことじゃないと思うよ。ひどいときには**timid**小心なだと思われるかもしれないからね。だから小学校6年生のときに、担任の先生のこの言葉を聞いて、性格を変えることにしたんだ。

"Boys, be ambitious!" 青年よ、大志を抱け！
僕は担任の先生がこう話してくれたとき、とっても感動して、あんなに素晴らしいことが言える先生はすごいなって感嘆したんだけど、後になってこれはアメリカの科学者クラーク博士の名言だってわかったんだ。

ところで、クラーク博士は**feminist**女権拡張論者たちにテロの標的にされないだろうか？ **性差別**sexual discriminationしたことになるじゃないか。boysだけ大志を抱いて生きろって言ってるもの。girlsはどう生きてもいいっていうのかな？

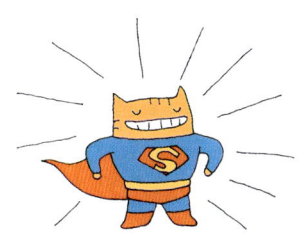

confidence自信が、何かを成功させるのにどれほど重要か知ってる？ 自信がなかったら、うまくいくこともできなくなるんだ。あることを始めたら、絶対にできると信じて、やり通すんだってぐらいがちょうどいいよ。ちょっと**foolhardy**向こ

Boys, be ambitious!

クラーク博士
札幌農学校初代教頭で明治初期のいわゆるお雇い外国人の1人。アメリカの植物学者であり農学者のWilliam S. Clarkが日本を去るときに、教え子たちに最後に残した言葉が、Boys, be ambitious.だったそうだ。もともとはBoys, be ambitious in Christ!だったんだけど、in Christ（キリストの中で）が抜けたっていう説もあるんだ。

語根fid '信じる心'
語根fidは'信じる心'という意味なんだ。confidentは強調語conに信じる心を意味するfidが合わさって、'自信に満ちた'という意味になったんだ。
・con（一緒に）+fid（信じる心）
→秘密を打ち明ける(confide)

---

introvert [íntrəvə̀ːrt]　**shy** [ʃai]　**lack of confidence** [læk əv kánfidəns]　**timid** [tímid]
confidence [kánfidəns]　**foolhardy** [fúːlhàːrdi]

う見ずなな態度で臨むんだ。

　confident 自信があるな人は、普通何事にもすごく**positive** 積極的なな姿勢を持ってるんだ。それからこんな人たちは、自分の未来に対して**optimistic** 楽天的なだから、簡単に**frustration** 挫折したりせずに、続けて努力していつかは自分の目標が叶えられるようになるんだ。

　だから、何事にも楽天的な態度を持てって言う大人たちの言葉を、**陳腐な訓戒** a trite admonitionとして聞かずに、胸に深く刻み込んで実践することだね。

　ところで、何の努力もしないくせに、ただ楽天的な人がいたとしたら、それは**easygoing** のんきなだといえるね。幼い頃、僕の友だちの1人は、クラスでいつもビリだったけど楽天的だったんだ。いつか、自分よりも勉強のできない子が**転校** transferしてくるって、いつも言い歩いてた。そう固く信じてたのに、そのままビリケツで卒業しちゃったけどね。

　生きていると、辛いことも起こったりするよね。でも、辛くても絶対に**pessimistic** 悲観的なにならずに、次の言葉を思い出しながらもっと一生懸命に努力しようよ。
　"After a storm comes a calm." 雨降って地固まる。
　"Adversity makes a man wise." 逆境は人を賢明にする。
　そうすると、みんなの期待を裏切らず、**promising** 前途有望なな未来が来るよ。

　ここまで言っても、感動が薄いって？　ただじっとして、宝くじの1等でも当たればいいって？　おやおや。それなら、映画「猟奇的な彼女」で

厭世主義者
ショーペンハウアー

ドイツの哲学者であるショーペンハウアー(Schopenhauer)は、厭世主義者としてよく知られているよね。自分の住んでいる家がいつ崩壊するかもしれないから、いつも1階にとどまっていたそうなんだ。ウソだか本当だか……。

---

confident [kánfidənt]　**positive** [pázətiv]　**optimistic** [àptəmístik]　**frustration** [frʌstréiʃən]
easygoing [íːzigóuiŋ]　**pessimistic** [pèsəmístik]　**promising** [prámisiŋ]

映画俳優のチャ・テヒョンが聞かせてくれる最高の表現を、もう一度心に刻み込んでおこう。

「偶然は本当に努力した者にだけ神様が与えてくれる贈り物だ」"Luck is a gift given by God to him who made a sincere effort."

ウーム、感動的だねえ。

＊＊＊

　さあ、もう**confidence** 自信が、人生でどれほど重要かわかっただろう。でも、考えようによってはこれほど無責任で誠意のない忠告も、めずらしいだろうね。今、全校でビリなのに、どうやって自信を失わずにいられるんだって。そんな状況で自信を失うなっていう忠告を聞けば、かえって腹が立つんじゃないかな？　だから僕が今日、自信が持てる'方法'を教えてあげるよ。乞うご期待！　ジャジャ〜ン！

・Don't lose your self-confidence. 自信をなくすな。

　自信を持つ方法は、大きく分けて2つある。1つ目は何事にもおじけづかない魔法の**薬** drugsを飲むこと、あればだけどね。その薬を飲めば、仮にKTX〔訳者注：韓国の高速鉄道〕が自分の前を走ってきても、全然**びびらないで** without cowering、映画「ペパーミント・キャンディー」の主人公ソル・ギョングが見せるような**大胆な** bold 演技ができるぞ。

　2つ目の方法は、僕も最近山で3日間、**座禅** Zen meditationを組んだ末に、やっとわかったことなんだけど、

confidence [kάnfidəns]

自信を持つためには**pride**ブライドを大きく持つことだ。みんなが持っている夢を、すでに成し遂げた人々を考えてみてよ。その多くの人たちが成功しただろ。その中でも、みんなよりも苦しい環境でその夢を実現した人たちも必ずいるはずだよ。その人たちも挑戦してみんな成し遂げたんだから、みんなにもきっとできるはずさ。プライドはこんなときに使うもんだ。^_^

あ〜、久しぶりにいいことを言ったもんだから、ちょっと照れくさい。へへへ。

プライドは持ってもいいけど、その**異母**きょうだいhalf brothersの**conceit**驕りは持っちゃダメだ。驕りは**vanity**虚栄心、**laziness**怠けと共謀して、結局みんなを破滅の道に導くよ。ちょっとできるからって、**puffed**偉そうにするしたら、努力を惜しむようになって、それに**haughty**傲慢な人に見えるから、ほかの人からも結局嫌われるからね。

・Don't be too proud of your success.
　成功したからって、自慢しすぎるな。
・The boughs that bear most hang lowest.
　実るほど頭の下がる稲穂かな。

だから、いつも**modest**謙遜なに学ぶ姿勢を持ち続けることを忘れずに、いつもこの言葉を胸に秘めて暮らすんだぞ。

「私はいつも2%足りない人だ」まさか、この言葉を聞いて、あの飲料水を買いにコンビニに行く'**おばかな**stupid'

---

pride[praid]　**conceit**[kənsíːt]　**vanity**[vǽnəti]　**laziness**[léizinis]　**puffed**[pʌft]　**haughty**[hɔ́ːti]　**modest**[mádist]

な人はいないだろうな？〔訳者注：韓国では、「足りない2％を補う」というキャッチフレーズのイオン飲料が売られている〕

それからいつも **patient** 忍耐強くでいるように心がけよう。小さな失敗にも **impatient** 我慢できないになったら、成功するために注いだ多くの努力と汗に対して、失礼だろ。どんなことでも、少しやってみてダメだと簡単にあきらめるから、あれこれ準備もなしで首を突っ込む **rash** 軽率な人になってしまうんだよ。そうやって追い詰められると、時には可能性の低いところにすべてをかける all in してしまう **headlong** 無謀な人になってしまうんだ。

さあ、今日からみんな落ち着いて明日に向かって準備して、絶え間なく努力する **hardworking** まじめな人になると、約束するんだ。それから、こんな言葉も必ず胸の中に置いておくんだよ。

"A problem is your chance to do your best." 苦難こそ最善を尽くす機会だ。

前にも言ったように、いつか必ず世界が注目して、僕たちの子孫がずっと効率的に英語の学習ができるように役に立つ英語辞典を、絶対に作ってみせる。みんなも協力してね。

ambition 野望、**positiveness** 積極性、**confidence** 自信、**pride** プライド、**modesty** 謙遜、**patience** 忍耐力！　この6つは、みんなが幸せで充実した暮らしをするのに、絶対に必要な要素だ。最初の文字だけ取って、**頭文字語** abbreviation を作ったら、APCPMPってなるだろ。

・APCPMP is the key to success and happiness. APCPMPは、成功と幸福の鍵だ。by Moon-Duk

---

patient [péiʃənt]　impatient [impéiʃənt]　rash [ræʃ]　headlong [hédlɔːŋ]　hardworking [háːrdwə̀ːrkiŋ]　ambition [æmbíʃən]　positiveness [pázətivnis]　confidence [kánfidəns]　pride [praid]　modesty [mádisti]　patience [péiʃəns]

＊＊＊

　人は生きていると**無意識のうちに**involuntarily自分の性質が現れるときがあるだろ。僕の弟は、幼い頃からとりわけ**stubborn**強情だった。そのために母からいっぱい叱られもしたんだ。

　あるときなんか、自分の大好きな鶏の手羽先を姉が食べたからって、大きな声で3時間も泣いたことがある。それでまた父親に叱られたから、おまけで2時間もっと泣いたんだ。

　僕だって成長しながら少しずつ性格が**well-rounded**円満なに変わったんだけどね。まあ、そうじゃないと友だちから**仲間はずれ**alienationにされて、生き残れなかっただろうしさ。キャハハ。

・My brother gets his own way with everything. 僕の弟は、何でも自分の思い通りにする。

語根ten[tain]'握っている'
語根tenやtainは'握っている'という意味なんだ。
tenaciousは'執拗な'という意味だけど、ten(握っている)に形容詞型接尾詞-ousが結合した形態なんだ。
・ab（遠く）+tain（握る）
→慎む(abstain)

　みんなも、自分の大切な夢や理想に対しては**tenacious**執拗なじゃないといけないし、人の道に外れたことに対しては**diehard**頑強なな態度を持ち続けるほうがいいよ。だからって、**hardheaded**わからず屋はダメだ。仲間はずれにされるからね。^^

　年配の人たちの中には、頭が固い、融通が利かない**obstinate**頑固なな人たちもいるだろ。特に韓国では、**郷土愛**regionalismをすごい哲学みたいに、むしろ自慢のように前面に出す人たちがよくいるけど、僕には一番愚かでばかみたいに思えるんだ。国土が広かったら、こんなことは言わないけどね。アメリカや中国に比べたら、本当に猫の額ほどの土地なのに、それを分断

stubborn [stʌ́bərn]　**well-rounded** [wélráundid]　**tenacious** [tinéiʃəs]　**diehard** [dáihɑ̀ːrd]
hardheaded [hɑ́ːrdhédid]　**obstinate** [ɑ́bstənit]

してお互いにあくせく喧嘩してるもんだから、外国人たちが見たらどれほど**narrow-minded** 度量が狭いに見えることか。

　prejudice 偏見 にとらわれて**井の中の蛙** 'the frog in the well' で世の中を生きていくほど、不幸なことはないよね。時には自分の**stereotype** 固定観念を果敢に打ち破って、心の幅を広げたら、精神的な幸せが得られるだろ。自分と意見の違う人に同感できなくても、その人の意見と表現方式の自由は尊重しないといけないよね？　このことを、'**トレランス** tolerance' というんだ。訳すと'寛容、忍耐'になるんだけど、僕たちの社会に本当に必要な価値じゃないかと思う。

・Show tolerance toward your opponent. 相手に寛容になりなさい。

語根flex '曲げる'
語根flexは'曲げる'という意味なんだ。flexibleはflex(曲げる)に形容詞型接尾詞-ibleがついた形態で、'曲げられる'、つまり'柔軟な'という意味になるんだ。
・in(not)+flex(曲げる)→我が強い、曲がらない(inflexible)

　品性が**flexible** 柔軟になるためには、人格訓練が必要なんだ。1、2歳の子を見てみろよ。みんな本当に意地っ張りで融通が利かないだろ。何を言っても全く通じないし。もし大人の誰かが**頑として** stubbornly 意地を張ったら、その人は子どもも同然だ。そんな人には、**粉ミルク** powdered milk と**オムツ** diapers を買ってあげればいいんだ。お腹がすいたか、ウンチをしてそうなってるんだから。

　寛容になれると、ほかの人と**compromise** 妥協するする方法も勉強できて、品性が**liberal** 心の広いになって、考え方も**catholic** 幅広いになれるよ。宗教家

narrow-minded [nǽroumáindid]　prejudice [prédʒədis]　stereotype [stériətàip]　flexible [fléksəbəl]　compromise [kámprəmàiz]　liberal [líbərəl]　catholic [kǽθəlik]

たちがlenient 慈悲深いなのはいいけど、子どもを育てる親があまりにもindulgent 寛大なのはよくないだろうね。子どもがインターネットでエッチな画像を見ているのに、叱りつけないでこんなことを言ったらダメだろ。

「これ、目が痛くなるから、今日はそれぐらいにしておきなさい」

こんな言い方をする母親は、間違いなく息子に遠慮している**継母** stepmotherだろうね。

だから、親は適当にstern 厳しいである必要があると思うよ。もちろん、何でも度が過ぎるとよくないよ。子どもが友だちと遊んでてちょっと遅く帰ったからって、その間を狙って引越しをしてしまったら、すごくrelentless 過酷な親だろ？　ハハハ。でも、そんな親はいないよね。

（子どもを持つ皆さ〜ん、飴とムチを適当に使い分けて、子どもたちをバランスよく育ててくださいね。^^)

lenient [líːniənt]　　indulgent [indʌ́ldʒənt]　　stern [stə́ːrn]　　relentless [riléntlis]

いろんな感情表現

aggressive 攻撃的な	anxious 心配な	arrogant 傲慢な、横柄な	bashful 恥ずかしそうな	blissful 幸せな、喜びに満ちた
cautious 注意深い、用心深い	confident 自信のある	demure 冷静な、落ち着いた	determined 断固とした	disgusted むかついた
enraged 激怒した	frightened びっくりした	hungover 酒に酔った	idiotic ばかな	innocent 純粋な
miserable 悲しい	obstinate 頑固な	pained 痛い	prudish 澄ました	regretful 後悔している
satisfied 満足した	sheepish おどおどした	smug 気どった	suspicious 疑わしげな	indecisive 優柔不断な

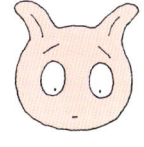

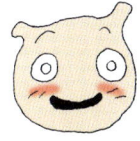

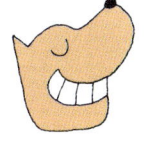

123

単語暗記ノート

personality 性格
- Every person has their own personality.
  人によって性格もさまざまだ。

blood 血

phlegm 痰

bile 胆汁

melancholy 黒い胆汁

humor 体液

disposition 性質、気質
- 語根 pos 場所、置く
  disposition: dis（遠く）+pos（場所）→配列、気質
  compose: com（一緒に）+pose（場所）→構成する
  impose: in（中）+pose（場所）→付加する、強要する
  expose: ex（外）+pose（場所）→露出させる
  deposit: de（下）+pos（場所）→預金する、退職させる

phlegmatic 無気力な

choleric 怒りっぽい

melancholy 憂鬱な
- I've got the blues. 僕、憂鬱だったんだ。

associate 付き合う

sociable 社交的な

cheerful 明朗な

extrovert 外向的な性格の人
- introvert 内向的な性格の人
- ambivert 両向性格者

talkative おしゃべりな

glib 口が達者な

divulge 漏らす

pompous 大言壮語する

exaggerate 誇張する

brag ほらを吹く
- blow one's own trumpet ほらを吹く = talk big, talk through one's hat

reticent 寡黙な

introverted 内向的な = reserved

introvert 内向的な性格の人

shy はにかみ屋の
①恥ずかしそうな、臆病な
Don't be shy. 恥ずかしがるな。
Once bitten, twice shy. 一度噛まれると二度目には臆病になる
（蛇に噛まれて朽ち縄に怯ず）
②足りない、不足して、ない
I'm one hundred dollars shy of next month's rent.
来月の部屋代が100ドル足りない。

lack of confidence 自信がない

timid 小心な

confidence 自信
- Don't lose your self-confidence. 自信をなくさないで。

foolhardy 向こう見ずな

confident 自信がある
- 語根 fid 信じる心
  confident: con（強調）+fid（信じる心）→自信がある
  fidelity: fid（信じる心）+ity（名詞形接尾辞）→忠誠
  confide: con（一緒に）+ fid（信じる心）→秘密を打ち明ける
  infidel: in（not）+fid（信じる心）→無神論者
  perfidy: per（through）+ fid（信じる心）→裏切り

positive 積極的な

optimistic 楽天的な

frustration 挫折

easygoing のんきな

pessimistic 悲観的な

promising 前途有望な

confidence 自信

pride プライド
- ブライドを持て。
  Take pride in oneself.
  Have some self-respect.
  Live with some dignity.

conceit 驕り

vanity 虚栄心

laziness 怠け

puffed 偉そうにする

haughty 傲慢な

modest 謙遜な
- Don't be so modest. そんなにご謙遜なさらないでください。

patient 忍耐強い

impatient 我慢できない

rash 軽率な

headlong 無謀な

hardworking まじめな = diligent

ambition 野望

positiveness 積極性

modesty 謙遜

patience 忍耐力
- patient 忍耐力がある
- Patience is a virtue. 忍耐は美徳なり。

stubborn 強情な
- as stubborn as a mule 意地っ張りで融通が利かない。
- Facts are stubborn things. 真実は必ず明かされる。

well-rounded 円満な

tenacious 執拗な
- 語根 ten, tain 握っている
  tenacious: ten（握っている）+ous（形容詞形接尾詞）→執拗な
  abstain: ab（遠く）+tain（握る）→慎む
  attain: ad（強調）+tain（握る）→達成する
  contain: con（一緒に）+tain（握る）→含む
  tenable: ten（握る）+able（可能な）→耐えられる、適当な

diehard 頑強な

hardheaded わからず屋

obstinate 頑固な = dogged

narrow-minded 度量が狭い

prejudice 偏見 = bias

stereotype 固定観念

flexible 柔軟な
- 語根 flex 曲げる
  deflect: de(off)+flex（曲げる）→屈折させる
  inflexible: in(not)+flex（曲げる）→我が強い、曲がらない
  reflex: re(back)+flex（曲げる）→反射（後に再度曲げること）

compromise 妥協する = meet~halfway

liberal 心の広い = broad-minded

catholic 幅広い
- He was extremely catholic in his reading tastes.
  彼の読書の好みの幅がとても広かった。

lenient 慈悲深い、人情が篤い

indulgent 寛大な、やりたいようにさせる
- indulge やりたいようにさせておく、甘やかす

stern 厳しい

relentless 過酷な
- relent （怒りなどが）和らぐ

05 >>> 正直と不正直

正直言って、それは嘘さ

みんなは**性善説** the ethical view that humans are born good を信じる？それとも、**性悪説** the ethical view that humans are born evil を信じる？

英語には、**integrity** 正直っていう単語があるんだけど、この単語の**語源** origin を見ると、'誰も手をつけていない状態' っていう意味が込められているそうだ。このことから考えると、西洋人は '性善説' の立場みたいだ。誰も手をつけていない状態が '正直' なんだから。**エデンの園** The Garden of Eden の**アダム** Adam と**イブ** Eve のように、元々は **innocent** 純真だったとしても、**サタン** Satan である**蛇** the Serpent の誘惑に負けてしまって、**corrupt** 堕落したしたって信じてるんだ。

僕が思うに、性悪説も性善説も両方間違っているんじゃないかな。幼い子どもに**善悪** good and evil の概念を適用すること自体が、問題があると思うんだ。もっとも、幼い子どもの行動にはまだ **morality** 道徳の概念が完成して

語根 teg[tag] '接触'
語根 teg と tag には、'接触、触れる' という意味があるんだ。integrity は in(not) と teg(touch) が合わさった形態で、触れない状態、完全な状態、つまり '正直' という意味なんだって。
・**con**（一緒に）+**tig**（接触）
→互いに接する、隣接した (contiguous)

integrity [intégrəti]　innocent [ínəsnt]　corrupt [kərʌ́pt]　morality [mɔ(ː)rǽləti]

いないから、**amoral**道徳とは関係のないだっていえるだろ。でも、子どもが餓死しそうな母親にしがみついて、お乳をちょうだいって泣き叫んでるからって、
「こんな**immoral**不道徳な子ども、見たこともない」
とか、
「こんな親知らずで**無礼な奴**ill-bred fellow、初めてだわ」
なんて言わないでね。通り過ぎていく犬が、ワンワンって笑うからね。

幼い子どもたちが聞いたら気分が悪いかもしれないけど、僕は生まれたての人間の**nature**品性は、パソコンの空フロッピー blank diskのようで、大きくなりながらその内容が少しずつ溜まって、かたどられていくと思ってるんだ。だから教育と環境は、子どもにとってとても重要だと思う。

僕が幼い頃、父はいつも知っている人に会ったら挨拶をしろって、毎日のように言っていた。その当時は正直言って、ちょっと面倒だなって思いもしたけど、今、僕自身が**polite**丁重な人が一番よく見えて、目上の人に**impolite**無礼な人を見ると、すごく腹が立つんだ。このことを考えると、幼いときの教育はとても重要なんだなって思うんだよ。お父さん、お母さん、ありがとう。尊敬してます。

・I was very angry at the child's rude behavior. 子どもが無礼な振る舞いをして、とても腹が立った。

ところで、幼い頃僕の父は、お金を節約し

tabula rasa 白紙状態
経験主義(Empiricism)哲学者ジョン・ロック(John Locke)が、幼い子どもの心を白紙状態と表現した言葉がtabula rasaなんだけど、文字が書かれていない状態の石版をいうそうだ。

amoral [eimɔ́:rəl]　immoral [imɔ́(:)rəl]　nature [néitʃər]　polite [pəláit]　impolite [ìmpəláit]

ろっていうことをほとんど言わなかったんだ。だから、僕の通帳に**預金**depositがほとんどないんだろうな。キャハハ。でも**破産状態**bad creditじゃないから、心配しないでね。自分なりに節約してしっかり生活はしているよ。ハハハハ。

honest正直な人たちは、自分の考えや感情を隠さずにはっきりと話すspeak out気質があるんだ。もちろん、年をとるにつれて注意して話すようになりながら、自分の感情を少しずつ隠す方法を学んで、時には**white lie**罪のない嘘も言うようになるしね。そうしていると、ある瞬間、自分も**dishonest**不正直な人じゃないかって悩むようになるんだ。適当なwhite lieはいいけど、でも**butter up**へつらうするのはやめておこう。

・He always calls a spade a spade. 彼はいつも隠さずに正直に話す。

実際に社会生活は、**evil**悪の絶え間ない誘惑の中で進められるから、自ら道徳の価値を重視して友だちのようにそれを傍において生きるしかないんだ。考えようによれば、人間だから堕落することもあるし、反省することもできるんじゃないのかな？ でも、プライドを完全に捨ててあきらめた状態で悪を受け止めたら、**wicked**

honest [ánist]　**white lie** [hwait lai]　**dishonest** [disánist]　**butter up** [bʌ́tər ʌp]　**evil** [íːvəl]
wicked [wíkid]

邪悪なで**insidious**狡猾なな人になるんだろうな。最悪の場合、いつも人を**deceive**だまｓして、ひどいときには犯罪の道に足を踏み入れてしまうんだ。

前に強調したプライド pride さえ持ち続けていたら、犯罪者になってしまう人の数がすごく減ると僕は思っている。僕たちが悪い人だと思っている人たちも、みんな**conscience**良心と道徳 morality は必ず持っているはずだ。ただ、それがうまくコントロールできない状態だけなんじゃないかな。

正しいプライドが重要な理由は、プライドこそ自分が他人から**respectable**世間に認められるようなに見られたいという欲望を作り出してくれるんだ。自分が他人の目に**contemptible**下劣なで、**devilish**悪魔のようなに見えることを許さないんだ。考えてもみてよ。他人が自分を**despise**軽蔑するして**ignore**無視するしたら、どれほど辛く苦しいことか。だからみんなも、いつも成功の鍵であり、悪から僕たちを守る盾 shield でもあるプライド pride を大切にして、他人を激励しよう。ここのところ、すっかり口やかましく nagging なったといって、ムン・ドクのことが嫌いになっちゃダメだよ。わかったね？＾_＾

・You sound like a broken record. 小言はもうやめて。

語根spi[spe] '見る'
語根spiやspeには'見る'という意味があるんだ。respectableはre(再び)とspec(見る), able(形容詞型接尾詞)が合わさって、何度もよく見るようになるという意味で、'尊敬する'という意味になるんだ。
・in(中)+spec(見る)
→調査する(inspect)

---

insidious [insídiəs]　deceive [disíːv]　conscience [kánʃəns]　respectable [rispéktəbəl]
contemptible [kəntémptəbəl]　devilish [dévliʃ]　despise [dispáiz]　ignore [ignɔ́ːr]

単語暗記ノート

integrity 正直
- 語根 teg, tag 接触、触れる
  integrity: in(not)+teg(touch)→正直(触れない状態、完全な状態)
  intact: in(not)+tact(触れる)→完全な(触れない)
  contagious: con(一緒に)+tag(接触)→伝染性の
  contiguous: con(一緒に)+tig(接触)→お互いに接する、隣接した
  attach: ad(to)+tach(接触)→付ける、添付する
  detach: de(off)+tach(接触)→取り外す

innocent 純真な

corrupt 堕落した

morality 道徳

amoral 道徳とは関係のない

immoral 不道徳な

nature 品性

polite 丁重な

impolite 無礼な

honest 正直な

white lie 悪意のない嘘
- a black lie 悪意のある嘘
- lie detector 嘘発見器 = polygraph

dishonest 不正直な

butter up へつらう

evil 悪

wicked 邪悪な

insidious ①狡猾な、陰険で凶悪な ②(病気が)潜行性の、知らないうちに進行する

deceive だます
- take in だます = play upon
- pull one's leg からかう = make a fool of

conscience 良心

respectable 世間に認められるような
- 語根 spi, spe 見る
  despise: de(down)+spis(見る)→軽蔑する
  inspect: in(中)+spec(見る)→調査する
  conspicuous: con(強調)+spi(見る)→よく見える、目に付きやすい
- respectful 尊敬の念に満ちた
- respective 各自の

contemptible 下劣な
- contemptuous 軽蔑する

devilish 悪魔のような

despise 軽蔑する

ignore 無視する

生活と旅行 3

01 >>> 住宅

ムン・ドクの家を公開します

引っ越し祝い
アメリカでは引っ越し祝いのパーティーのプレゼントとして、植物やワインをよく贈るそうだ。植物には'新しい人生'、ワインには'祝い'という意味があるんだ。

　今回はみんなが住んでいる**house**家について見ていこう。家を**build**建てるするためには、まず**architect**建築家に頼んで**design**設計するするよね。その次に家の敷地の前に**under construction**工事中っていう**標識**signpostを建てて、一生懸命にシャベルで土を掘ったり鎌で草を取ったりして、**break ground**土を掘るするんだ。後で家の工事が完成したら、僕も必ず家に招待してね。**housewarming party**入居祝いのパーティーをすることを忘れちゃいけないぞ！^^　僕が入居祝いに**toilet paper**トイレットペーパーを山ほど買っていくからね。

　あ！　パーティーといえば、思い出したことがある。まだ若い僕がパーティーに熱狂しないわけはないだろ。じゃ、どんなパーティーがあるか、見ていこうか？

・B.Y.O.B. (Bring Your Own Booze[Bottle/Beverage]) 各自自分の飲む酒を持ってくるパーティー

---

house [haus]　　**build** [bild]　　**architect** [ɑ́ːrkitèkt]　　**design** [dizáin]
under construction [ʌ́ndər kənstrʌ́kʃən]　　**break ground** [breik graund]
housewarming party [háuswɔ̀ːrmiŋ páːrti]　　**toilet paper** [tɔ́ilit péipər]

- Baby shower 妊婦のために女性同士で集まって開くパーティー
- Card party カードゲームが主目的のパーティー
- Cocktail party 簡単なスナックと飲み物が出されるパーティー
- Graduation party 卒業パーティー
- Mixer 男性、女性を紹介するためのパーティー
- Pajama party パジャマを着て夜通しで話をして遊ぶパーティー＝slumber party
- Potluck dinner 参加する人全員が食べ物を準備してくるパーティー
- Prom 高校卒業前に正装していくダンスパーティー
- Surprise party 主人公に知られずに準備するパーティー
- Welcoming party 歓迎パーティー

うーん!! これだけあればいいね。じゃ、また元の話に戻ろう。家の種類についてだよ〜。

◆◆ 家の種類 ◆◆

僕が生まれたところはすごく田舎町だから、その当時 **cottage** 小さな家 があちこちに多かったんだ。大部分は **straw-roofed house** 藁葺きの家 だったんだ。それに比べて、お金持ちは **tile-roofed house** 瓦葺きの家 だったんだ。ところが、ソウルでは瓦葺きの家がお金持ちの住む家ということじゃないんだな。いや、瓦葺きの家自体ほとんど目にしないよね。

ソウルには **apartment** アパート がすごく多いだろ。汝矣島にある **63ビル** 63Building のようなばかでかいビルまであって。こんなビルのことを、空を掻くように見えるからといって、**skyscraper** 超高層ビル っていうって、知って

cottage
湖や山にでかけると、別荘のような家を目にするだろ。それをcottageっていうんだ。

cottage [kátidʒ]　straw-roofed house [strɔːruːfed haus]　tile-roofed house [tailruːfed haus]
apartment [əpáːrtmənt]　skyscraper [skáiskrèipər]

た？　scrapeが'掻く'という意味だろ。それに-erが付いて、'掻く[こする]道具'になったってわけ。辻褄はあってるだろ？

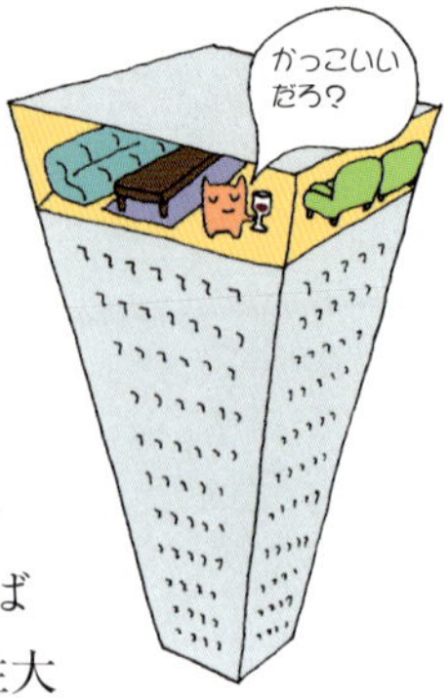

あ、もっともっとかけよ！

高層ビルの**top floor**最上階にあって、四方が大きな**pane**窓ガラスで素晴らしく装飾されていて、専用elevatorまで完備されている超豪華屋上住宅のことを、**penthouse**っていう。「先生〜、それはアメリカの有名な成人雑誌の名前だよ。僕のかばんの中にあるよ」って言う学生は、**変態**pervertの可能性大だ。^^　ところでムン・ドクはとてもまじめな定期購読者なんです。へへへ。

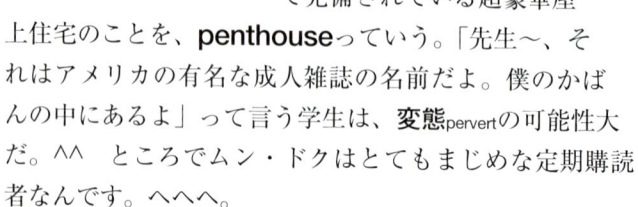

かっこいいだろ？

・This elevator stops only on the top floor. このエレベーターは、最上階だけ止まります。

いつだったか、僕がよく知っている先輩が、自分の**boarding house**下宿がpenthouseだって言って、食事の招待をしてきたんだ。僕は、どれだけ胸をわくわくさせたことか。ところが行ってみると、なんと**rooftop**屋上にある**attic**屋根裏部屋だったんだ。チェッ！そりゃそうだろう。

ただのatticだよ

Penthouseよりもいいぞ！

たまった部屋代払え！

そのうえ、夜寝ようとしたけど、そのときがちょうど夏だったからか、暑くて眠れなかったんだ。-.-　いっそのこと、**basement**地下室のほうが涼しいからもっとましだったろうにね。とこ

語根bas '底'
・base 基底、底、ふもと
・basis 基礎、根拠
・basin たらい、盆地

top floor [tɑp flɔːr]　pane [pein]　penthouse [pénthàus]　boarding house [bɔ́ːrdiŋ haus]
rooftop [rúːftɑ̀p]　attic [ǽtik]　basement [béismənt]

ろで、屋根裏部屋は猫の住むところじゃなかったっけ？ 韓国のドラマで「屋根裏部屋の猫」があるじゃないか。シラ〜。

もともと、アメリカでは大きな邸宅のことを**mansion**っていうんだけど、韓国では小さな**public housing** 共同住宅 に適当にこの名前を付けて使っているようだ。villaも同じことだ。ビラはもともと、高級な別荘という意味なんだ。僕が幼い頃住んでいた家の裏山には、誰も住んでいない**cabin** 丸太小屋 があったんだ。それを**hideout** アジト にして遊んでいたことを思い出すよ。

久々に呆れたクイズを1つ出してみようかね。イエス・キリストが生まれたところは？ **stable** 馬小屋 だね。じゃ、もう1つ！ 家の中で一番怖い部屋は？ **beehive** 蜂の巣 だ。そんな家は**rent** 賃貸 するして生活できないよね。くまのプーさんだったらわかんないけど。^^

子どもの頃、僕んちの犬ペックは、**barn** 納屋 で子犬を生んだんだ。僕のペックは雌犬だったんだけど、おかしなことに子犬の父親は一度も現れなかったよ。^^

いろんな家々

Duplex
2階建ての家（2世帯住宅）

Ranch House
ランチハウス（アメリカ郊外に多い1階建ての家）

Town House
連立住宅（1枚の壁でつながった2〜3階建ての住宅）

Mobile Home
移動式住宅

---

mansion [mǽnʃən]　public housing [pʌ́blik háuziŋ]　cabin [kǽbin]　hideout [háidàut]　stable [stéibl]　beehive [bíːhàiv]　rent [rent]　barn [bɑːrn]

◆◆ 家の構造 ◆◆

じゃ、いよいよムン・ドクの家houseを紹介する番だ。

まず家に入って来るためには、大きなgate門を通らないとダメだ。車に乗って来ないでね。garage車庫には僕の車が入るスペースしかないから。別のところに止めたら、すぐに牽引されるtowだろうからね。それに、歩いたほうが健康にずっといいからね。^^

門が開いたら、lawn芝生のfront yard前庭が出てくるよ。右側の一方には桃とタンポポが一緒にあるgarden庭園がある。その横には、小さなpond池があるんだ。池に落ちないように注意してね。水がちょっと汚いからね。

その横には、見るだけでも涼しげなpavilionあずま屋があるんだ。夏にはそこで星を見ながら、スイカやマクワウリを食べていると、横の池から妙

① fence 垣根　② mailbox 郵便箱　③ garage 車庫　④ garage door 車庫の門
⑤ driveway（道路から車庫までの）車道　⑥ shutter よろい戸　⑦ porch light 玄関の明かり
⑧ doorbell 玄関のベル　⑨ front door 玄関入り口　⑩ storm door ガラスをはめたよろい戸（防風戸）
⑪ steps 階段　⑫ front walk 家の前の歩道　⑬ front yard 前庭　⑭ window 窓　⑮ roof 屋根
⑯ chimney 煙突　⑰ TV antenna テレビアンテナ

house [haus]　gate [geit]　garage [gərɑ́ːʒ]　lawn [lɔːn]　front yard [frʌnt jɑːrd]　garden [gɑ́ːrdn]　pond [pɑnd]

な匂いがしてくるんだ。

　僕は夜ビールを飲んでそこにおしっこするんだよ。^^;;　**restroom** トイレは特別に作ってないんだ。

　だからわざわざそんなところに行って座らないで、早く**front door** 正面玄関に来て**doorbell** 呼び鈴を鳴らしてよ。借金取りでも来たら困るから、長く2回、短く1回、わかった？　合図が間違ったら、開けてあげないからね。開けてくれないからって、**roof** 屋根や**window** 窓から入ろうなんて、夢にも思うなよ。屋根には電流が走るようにしておいたからね。**window sill** 窓枠には高圧電流が走るようになってるから、もっと注意してね。ハハハ。

　floor 床にはオイルをたっぷり塗っておいたからな。滑ったら、塗っておいたオイルで**マッサージ** massage でもしてよ。家の中には、別に何もないよ。

① **coffee table** コーヒーテーブル　② **sofa / couch** ソファ　③ **loveseat** 2人用椅子　④ **armchair** 安楽椅子
⑤ **throw pillow** 装飾用クッション　⑥ **drapes / curtains** カーテン　⑦ **lamp** スタンド
⑧ **end table** 小さなテーブル　⑨ **rug** ラグ（じゅうたん）　⑩ **floor** 床、床板　⑪ **fireplace** 暖炉
⑫ **painting** 額入りの絵

pavilion [pəvíljən]　**restroom** [restru:m]　**front door** [frʌnt dɔːr]　**doorbell** [dɔ́ːrbèl]　**roof** [ru:f]
window [wíndou]　**window sill** [wíndou sil]　**floor** [flɔːr]

平凡な living room 居間には、sofa ソファと marble 大理石でできた coffee table コーヒーテーブルがあって、一方の壁には雰囲気のいい fireplace 暖炉があるんだ。雨の降る夜には、その前で armchair 安楽椅子に座って、ワインを1杯飲んだら、どれほど気分がよいことか。テレビの横には、fishbowl 水槽があるんだ。魚が1匹もいないって？　あ、それは……みんな家出しちゃったみたいだ。

賭博台
賭博台を green cloth っていうんだけど、どうしてかっていうと賭博台には普通、緑色の布がかかっているからなんだって。

居間を横切ると、大きな (dining room) table 食卓のある dining room 食堂があるんだ。もともとポーカー poker をしようと思って買った食卓なんだけど、何度もお金を吸い取られてしまって、今ではただの食卓に使っているんだ。でも、これがまた大きいんで、食卓全体を使ったことがないんだ。

kitchen 台所に行くと、refrigerator 冷蔵庫と microwave oven 電子レンジなど、household appliances 家電製品がある。なくてはならないものばかりだ。使うときはいいけど、引越しするときになるとこれらを運ぶのに、腰がひん曲がりそうになるんだ。closet 食器棚を開くと、utensils 調理器具がたくさん積まれているよ。埃 dust もたくさん溜まってるよ。^^

1階には bedroom 寝室が4つもあるんだ。僕が使わない vacancy 空き部屋が多いから、この際、賃貸しでもしようかな？　連絡ちょうだいね。広告でも出そうかな。^^

・For rent. 貸し間あります。
・Furnished House to Let. 家具付きの貸し間あります。
　学校に通いながら、boarding house 下宿部屋を探すときに、よく見た広告だ。

living room [lívɪŋ ruːm]　sofa [sóufə]　marble [máːrbəl]　fireplace [fáiərpleis]
armchair [áːrmtʃɛər]　fishbowl [fíʃbòul]　(dining room) table [(dáiniŋ ruːm) téibəl]
dining room [dáiniŋ ruːm]　kitchen [kítʃən]　refrigerator [rifrídʒəréitər]
microwave oven [máikrouwèiv ʌ́vən]　household appliances [háushòuld əpláiəns]
closet [klázit]　utensils [juːténsəls]　bedroom [bédruːm]　vacancy [véikənsi]
boarding house [bɔ́ːrdɪŋ haus]

① **cabinet/cupboard** カップボード（造り付けの棚） ② **paper towels** キッチンペーパー
③ **dish drainer** 水切りかご ④ **dishwasher** 食器洗浄機 ⑤ **sink** 流し台 ⑥ **toaster** トースター
⑦ **coffee maker** コーヒーメーカー ⑧ **freezer** 冷凍庫（冷凍機） ⑨ **refrigerator** 冷蔵庫
⑩ **microwave (oven)** 電子レンジ ⑪ **pot** 深鍋 ⑫ **stove** レンジ ⑬ **burner** バーナー ⑭ **oven** オーブン
⑮ **teakettle** やかん ⑯ **frying pan** フライパン ⑰ **(electric) mixer** ミキサー
⑱ **food processor** フードプロセッサー ⑲ **cutting board** まな板 ⑳ **knife** 包丁 ㉑ **rice cooker** 炊飯器
㉒ **wash the dishes** 皿洗いをする ㉓ **feed the cat[dog]** 猫（犬）にエサをやる

FOR RENT

50Py APARTMENT IN KANGNAM-GU.
3 BEDROOMS. 2 BATHROOMS.
A SPACIOUS LIVING RM.
KITCHEN EQUIPPED WITH
REFRIGERATOR, OVEN,
AND BUILT-IN WOODEN CABINET.
NEW FLOORING MAY BE NEEDED.
$2000/M

〉PLS CONTACT MR. PARK AT 123-4567

賃貸
江南区にある50坪の高級アパート。寝室3部屋、トイレ2つ、広い居間。冷蔵庫、オーブン付きで、造り付けのカップボードがある台所。床板は張り替える必要もありそう。1カ月分の家賃 $2,000
〉123-4567 ミスター・パクまで連絡求む

2階に上がるには、急な steep **corkscrew staircase** 螺旋階段を上っていくんだ。2階に上がると、**bookshelf** 本棚に本がいっぱいの僕の **study** 書斎がある。ピンク色の **wallpaper** 壁紙が目に飛び込んでくるよ。ああ、やらしい色だね。僕の趣味がちょっとこうなんだ。ヘヘヘ。

どうして書斎に本がないの？

あ、いったん書斎から作ったんだ

furniture 家具の中でもすぐに目に入るのは、壁にある **built-in wardrobe** 造り付けのたんすだ。大学1年生のとき、**dormitory** 寄宿舎で生活していたんだけど、そこにあったのと似たようなものだよ。

僕はどうして built-in wardrobe に生まれたのかな

あっちがいいな

corkscrew staircase [kɔ́ːrkskrùː stɛ́ərkèis]　　**bookshelf** [búkʃèlf]　　**study** [stʌ́di]　　**wallpaper** [wɔ́ːlpèipər]　　**furniture** [fə́ːrnitʃər]　　**built-in wardrobe** [bíltin wɔ́ːrdròub]　　**dormitory** [dɔ́ːrmətɔ̀ːri]

もしかして、そこから出て来るときに、外して持ってきたんじゃないかって？

何てことを！　このムン・ドクを誤解するな！（ハハハ、でもその通りだよ）

天井には大きな**fluorescent lamp**蛍光灯があるんだ。それから**desk lamp**机のスタンドには小さな**glowing bulb**白熱灯がある。小さな**air cleaner**空気清浄機と**humidifier**加湿器も見えるだろ。机には**d e s k t o p computer**卓上用パソコンと**printer**プリンターがあるんだ。本がよく売れて印税royaltiesをもらったら、**laptop computer**ノートパソコンに替えようかな。

2階の窓を開いて外の**balcony**バルコニーに出ると、僕がタバコを吸うときに愛用する**安楽椅子**armchairがあるんだ。あんまり強く揺らすと、後ろに倒れるかもしれないから、注意しないとダメだよ。

僕んち、どう？　幻想的でしょ？　将来、こんな家を買おうと思ってね。-..;

今の家は、ほとんど**tent**テントと同じような建物だから、何も言うことがなくてさ。みんなの語彙の実力増進のために、仕方なく嘘ついたんだよ。許してくれるだろ？　フ～～。

◆◆ その他の建物 ◆◆

フランスにあるエッフェル塔は、英語でthe Eiffel Towerというんだ。

fluorescent lamp [flùərésnt læmp]　　**desk lamp** [desk læmp]　　**glowing bulb** [glóuiŋ bʌlb]
air cleaner [ɛər klíːnər]　　**humidifier** [hjuːmídəfàiər]　　**desktop computer** [désktɑ̀p kəmpjúːtər]
printer [príntər]　　**laptop computer** [lǽptɑ̀p kəmpjúːtər]　　**balcony** [bǽlkəni]　　**tent** [tent]

じゃ、慶州市にあるBulguk Temple（仏国寺）の多宝塔はDabo Towerかな？　そんなことを言っていると、仏様にひっぱたかれるよ。答えは、**Dabo Pagoda**だ。**tower**は記念塔で、**pagoda**は寺templeにある塔をいうんだ。

church教会の屋根のてっぺんにある十字架crossのついてるとんがった尖塔は、**steeple**という。落下傘parachuteに乗って降りてくるときには、それに刺されないように気をつけるんだぞ。へへへ。

劇場はtheaterだよね？

知らなかったって？　そんなことも知らないなんて、君は相当おばかさんだよ。

冗談！　冗談！

それから演劇や公演が見られるように丸くなっている円形劇場を、**amphitheater**っていうんだ。amphi-は**round**丸いを意味する接頭語。

amphi[ambi] 丸い
amphiは'丸い'という意味なんだ。amphitheaterはtheaterの前にamphiがついて'円形劇場'という意味になるんだ。

映画「ベン・ハーBen-Hur」や「グラディエーターGladiator」は見た？　映画の中で、びっくりするほどでっかい古代ローマの円形競技場が出てくるだろ？　それがまさに、Colosseumだ。もしかして、直接行ってみたことがある人もいるかもね。

僕は忙しくて全然行けなかったんだけど、去年の秋にちょっと休んでいるときに、生まれて初めて見たんだ。それも写真で見たんだけど。

おっと、ごめん。なんせ、貧乏なもんで……。旅行なんてそんな、めっそうもない。トホホ。

tower [táuər]　**pagoda** [pəgóudə]　**church** [tʃəːrtʃ]　**steeple** [stíːpəl]　**amphitheater** [ǽmfəθìːətər]　**round** [raund]

単語暗記ノート

house 家

build 建てる = construct, erect

architect 建築家

design 設計する = lay out

under construction 工事中

break ground 土を掘る、起工する

housewarming party 入居祝い
- B.Y.O.B. (Bring Your Own Booze[Bottle/Beverage]) 各自自分の飲む酒を持ってくるパーティー
- Baby shower 妊婦のために女性同士で集まって開くパーティー
- Card party カードゲームが主目的のパーティー
- Cocktail party 簡単なスナックと飲み物が出されるパーティー
- Graduation party 卒業パーティー
- Mixer 男性、女性を紹介するためのパーティー
- Pajama party = Slumber party パジャマを着て夜通しで話をして遊ぶパーティー
- Potluck dinner 参加する人全員が食べ物を準備してくるパーティー
- Prom 高校卒業前に正装していくダンスパーティー
- Surprise party 主人公に知られずに準備するパーティー
- Welcoming party 歓迎パーティー

toilet paper トイレットペーパー

家の種類

cottage 小さな家

straw-roofed house 藁葺きの家

tile-roofed house 瓦葺きの家

apartment アパート

skyscraper 超高層ビル

top floor 最上階

pane 窓ガラス

penthouse 超豪華屋上住宅、成人用雑誌の名前
- I subscribe to Penthouse. ＜ペントハウス＞を定期購読しているんだ。
= I'm a Penthouse subscriber.
= I have a subscription to Penthouse.
= Every month I receive a copy of Penthouse.

boarding house 下宿

rooftop 屋上

attic 屋根裏部屋

basement 地下室
- 語根 bas 底
  base 基底、底、ふもと
  basis 基礎、根拠
  basin たらい、盆地
  bastard 庶子
  debase: de（下に）+base（底）→落とす、汚す

mansion 大きな邸宅

public housing 共同住宅

cabin 丸太小屋

hideout アジト

stable 馬小屋

beehive 蜂の巣

rent 賃借する

barn 納屋

家の構造

gate 大門

garage 車庫

lawn 芝生

front yard 前庭

garden 庭園

pond 池

pavilion あずま屋
- Octagonal Pavilion 八角堂

restroom トイレ = bathroom, washroom
- トイレのほかの表現
  lavatory (飛行機で)、water closet (WC-ヨーロッパで)、toilet, men's room, ladies's room

front door 正面玄関

doorbell 呼び鈴

roof 屋根

window 窓

window sill 窓枠

floor 板の間、床

living room 居間

sofa ソファ

marble 大理石

coffee table コーヒーテーブル

fireplace 暖炉

armchair 安楽椅子

fishbowl 水槽

(dining room) table 食卓

dining room 食堂

kitchen 台所
- If you can't stand the heat, get out of the kitchen. 我慢できなければ避けろ。

refrigerator 冷蔵庫

microwave (oven) 電子レンジ

household appliances 家電製品

closet 食器棚 = cupboard

utensils 調理器具

bedroom 寝室

vacancy 空部屋

boarding house 下宿部屋

corkscrew staircase 螺旋階段

bookshelf 本棚

study 書斎

wallpaper 壁紙

furniture 家具

built-in wardrobe 造り付けのたんす

dormitory 寄宿舎

fluorescent lamp 蛍光灯
- fluorescent light 蛍光灯
- florescent 花咲く

desk lamp 机のスタンド

glowing bulb 白熱灯

air cleaner 空気清浄機

humidifier 加湿器

desktop computer 卓上用パソコン

printer プリンター

laptop computer ノートパソコン

balcony バルコニー

tent テント

その他の建物

tower 記念塔

pagoda （寺の）塔

church 教会

steeple 尖塔

amphitheater 円形劇場
- amphi[ambi] 丸い
  amphitheater: amphi（丸い）+theater（劇場）→円形劇場
  ambition: ambi（丸い）+it（行く）→野望
  ambient: 周囲の

round 丸い

02 >>> 衣服

衣服に関して気になっていたいくつかのこと

　太古の昔、アダムとイブはいちじくの葉一枚で体を隠したっていうだろ。ほとんど **naked** 裸の の状態だったから、その当時もしクリスチャン・ディオールが生まれていても、やることがなかったと思うよ。いや、木の葉でデザインしていたかな？

　なにしろ、衣服は僕たちの生活と密接した関係があるから、種類別に見てみよう。

naked [néikid]　clothes [klouðz]　winter clothes [klouðz]　clothing [klóuðiŋ]

◆◆ 服の種類 ◆◆

　一般的に服は**clothes**と表現するだろ。だから**winter clothes**は冬服だ。衣服を総称するときは、**clothing**衣類を使うよね。

wear　　suit　　costume　　uniform

　特別な目的を持った服には、**wear**を使うんだ。例えば、運動という特別な目的で着る運動服は、**sports wear**というだろ。**suit**は一揃いの服を指す。**costume**は韓国の韓服のような'伝統衣装'をいうときに主に使う。だから韓服 (hanbok) を英語で説明するときには、the Korean traditional costumeといえばいいんだ。学校で着る制服や軍人たちが着る軍服のように、同じように合わせて着る服は、**uniform**制服だね。

　幼い頃、お母さんが寒い冬に備えて**knit**編むしてくれた冬によく着る**sweater**セーターは知ってるだろ？ 頭を入れて下から引っ張って着る**pullover**スタイルや、**button**ボタンが付いている**cardigan**カーディガンなんかがあるよね。

　dress shirtワイシャツの上に着るチョッキは、**vest**っていうんだ。これを着るとオジサンっぽく見えるから、僕は着ないんだ。でも**briefs**パンツは穿くよ。下着を着なかったら、**変態**pervertっぽく見られるからね。ハハハ。

Pullover

下着
running shirtは代表的なジャパングリッシュだよ。undershirtsが正解だ。イギリスではvestっていうんだ。
・**briefs** 男性用三角パンティー
・**boxers** ボクサーショーツ

---

wear [wεər]　　**sports wear** [spɔːrts wεər]　　**suit** [suːt]　　**costume** [kástjuːm]　　**uniform** [júːnəfɔ̀ːrm]
knit [nit]　　**sweater** [swétər]　　**pullover** [púlòuvər]　　**button** [bʌ́tn]　　**cardigan** [káːrdigən]
dress shirt [dres ʃəːrt]　　**briefs** [briːfs]

◆◆ 女性たちの服 ◆◆

　服はほとんど、女性たちのための占有物だっていったら、**性差別**sexual discrimination的な発言だろうね？　でも、男性よりも女性の服のほうが、個性的なものも多くて種類もさまざまじゃないか。

　何で知ってるかって？　基本だろ。ハハハ。

　まず**brassiere**ブラジャーが思い浮かぶね。僕もしたことあるよ。ええ?!　驚くなって。**masquerade**仮面舞踏会のときにしただけなんだから。

　女性たちは**underwear**パンティー等の下着を穿いた後、その上に**girdle**ガードルという伸縮性がすごい半ズボンみたいなのを着るだろ。あ、それから**coat**コートが入っている単語だけど、下に着る服がまさに**petticoat**ペチコートだ。**petty**小さなと coatがひっついて、petticoatになったんだ。coatが入っていても、下に着るっていうことを忘れないでね。

　幼稚園に通うちびっこがcoatが欲しいってだだをこねたら、petticoatを着せてやればいいぞ。子どもは背が小さいから、petticoatがそのまま**trenchcoat**トレンチコートに変身するからね。もちろん、幼稚園にそのままで行くと、すぐに仲間はずれにされるはずだ。^_^

① **undershirt** アンダーシャツ　② **briefs** 三角パンティー（男性用）　③ **boxer shorts / boxers** ボクサーショーツ　④ **socks** 靴下　⑤ **bra** ブラジャー　⑥ **panties / underwear** パンティー（女性用）　⑦ **camisole** キャミソール　⑧ **girdle** ガードル　⑨ **full slip** スリップ　⑩ **half slip / petticoat** ペチコート　⑪ **garter belt** ガーターベルト　⑫ **pantyhose** パンティーストッキング　⑬ **kneesocks** ハイソックス

brassiere [brəzíər]　**masquerade** [mæskəréid]　**underwear** [ʌ́ndərwèər]　**girdle** [gə́ːrdl]　**coat** [kout]　**petticoat** [pétikòut]　**petty** [péti]　**trenchcoat** [trentʃkòut]

stockings ストッキングをhoseって呼ぶって、知ってた？だからパンティーストッキングは**pantyhose**って呼んだらいいんだ。男性の中でストッキングを身につける人もいるんだけど、そこでクイズ！それは誰でしょう？　へへへ、そりゃ銀行強盗 bank robberだよ。

・This is a hold up!! 俺は強盗だ!!

ストッキングを買う？　買わない？　買わないと、撃つぞ！

Stocking遊び

女性だけが着る服があるよね。'ワンピース'を意味する**dress**だ。女性がパーティーなどで着る華麗な服だって考える人が多いけど、そうじゃないんだ。

ワンピースを着た自分の姿を見て、外国の友だちが、
Your dress is beautiful. ワンピース、とってもきれい。
って言ったからって、

It's not a dress. It's one-piece. これはドレスじゃないの、ワンピースなんだってば。

なんてとんでもないことを言わないようにしようね。

nice dress〜

女性の服のサイズ

韓国とアメリカのサイズ表示が違うってこと、知ってる？ウエストを基準にして見てみると、次のようになるんだ。サイズ0は24〜25in、サイズ2は26in、サイズ4は27〜28in、サイズ5は29in、サイズ8は30in、サイズ10は32in、サイズ12は34in、サイズ14は36inなんだって。

女性がパーティーに出るときの服は、とてもきらびやかだろ。えーと……僕はその方面に関心があってね（^^ ;)、ちょっと知ってるんだ。大したことないさ、どんなのがあるのか教えてあげるよ！

evening dress イブニングドレスってのがあるんだ。パーティーや格式ばった夕食の場所、晩餐会のときに着る長いドレスをいうんだけど、正式な礼服なんだ。たいていがワン

evening dress　cocktail dress

---

stocking [stάkiŋ]　pantyhose [pǽntihòuz]　dress [dres]　evening dress [íːvniŋ dres]

ピースで、スカートの丈が長いんだ。肩はあったりなかったり、あっても細くなっていて、背中が広く開いているんだ。へへ、いいねえ……。それから**cocktail dress** カクテルドレスというのがあるんだけど、これは結婚式やカクテルパーティーのようなパーティーに着て行くもので、イブニングドレスほど派手じゃないんだ。略式のイブニングドレスって考えればいいよ。

　女性のパーティー着の話はこれぐらいにして、ちょっとだけ化粧品の話をしようかな？　僕も講義の様子を撮影するときには、**make-up** 化粧をするんだからね。もちろん、薄くだけどね。だから僕んちの近所の**cosmetic store** 化粧品店のおばさんは、僕を見ると馴れ馴れしくしてくるんだ。心の中できっとこう思ってるよ。

　「あ、あの青年、**compact** コンパクト、携帯用おしろい入れと**lipstick** 口紅がなくなってきたはずなのになあ……」

Cosmetics 化粧品
① mascara マスカラ　② lip gloss リップグロス　③ lipstick 口紅　④ foundation ファンデーション
⑤ face powder おしろい　⑥ eyeliner アイライナー　⑦ eyebrow アイブロー
⑧ eye shadow アイシャドー　⑨ rouge ほお紅　⑩ nail polish マニキュア

cocktail dress [káktèil dres]　make-up [méikʌ̀p]　cosmetic store [kazmétik stɔːr]
compact [kəmpǽkt]　lipstick [lípstìk]　dirt [dəːrt]　washing machine [wáʃiŋ məʃíːn]
Laundromat [lɔ́ːndrəmæ̀t]　stain [stein]　dry cleaner [draiklíːnər]　slovenly [slʌ́vənli]

◆◆ 服装 ◆◆

服に**dirt**汚れがついたら、**washing machine**洗濯機に入れないとね。家に洗濯機がないって？　じゃ、**Laundromat**コインランドリーに行ってするしかないだろ。もしもインクみたいなのがついて**stain**しみができてよく落ちなかったら、**dry cleaner**クリーニング店に預けるんだ。そのままずっと着続けたら、**slovenly**汚らしいだって後ろ指を指されるかもよ。もし転んで犬の糞dog poohがついたら？　そんなの、そのまま捨ててしまえよ。へへへ。

洗濯機が壊れたんだ

服が必ずしも**gay**華麗なじゃなくても、いくらでも**tidy**こぎれいなに着られるもんだよ。少々**worn out**着古したしても、**ironing**アイロンかけをするして**wrinkle**しわをよく伸ばして着たら、すごく**smart**素敵なで**stylish**着こなしがいい、素敵だって褒められるよ。
"Fine feathers make fine birds." 馬子にも衣装って言葉があるじゃないか。ムン・ドクは服をセンスよく着こなしてるかって？　いいや、僕は何も考えずに着てるんだ。なにしろ、顔とスタイルでカバーできるからね。ハハハ。**rags**ぼろを着ても**shabby**みすぼらしいじゃないからね。

完璧にアイロンしたんだ

ラインがくっきり出てるだろ！

どうだ、僕って、憎たらしいだろ？ハハハ。

女性が最も注目される服は、どんな服か知ってる？　すごく**gaudy**けばけばし

オオー

---

gay [gei]　　**tidy** [táidi]　　**worn out** [wɔːrn aut]　　**ironing** [áiərniŋ]　　**wrinkle** [ríŋkəl]　　**smart** [smɑːrt]
stylish [stáiliʃ]　　**rags** [ræg]　　**shabby** [ʃǽbi]　　**gaudy** [gɔ́ːdi]

いな服を着てみなよ。男たちはみんな正気じゃなくなるからね。ウッハッハ！

あんまり**fashion**流行に敏感になって、いつも**brand-new**新商品の服ばかり買ってると、素敵に見えるかもしれないけど、その反面、ちょっとばかばかしく見えもするよ。みんな、見かけよりも内面がもっと素晴らしく華麗な人になるように努力するほうが、賢明なんじゃないかな。

そうだ!!　それから**wash your hair**髪を洗うするときに、あんまり**shampoo**シャンプーを使いすぎないでね。洗濯するときの**detergent**洗剤も、使いすぎないでね。環境汚染がひどいって話じゃないか。エッヘン（急になんで環境運動家？）。

ただ、自分によく**suit**似合うして、体によく**fit**サイズが合うする服を着て、髪をきちんと**comb**とかすしておけばいいんだ。髪をとかさずに鳥が巣作りをしそうな頭になったのを、'**unkempt**髪がもつれた'って表現するんだ。

・The clothes don't suit you. その服、君には似合わないよ。
・The clothes don't fit you very well. その服、君には合わないよ。

---

fashion [fǽʃən]　**brand-new** [brǽndnjùː]　**wash your hair** [wɑʃ juər hɛər]　**shampoo** [ʃæmpúː]
detergent [ditə́ːrdʒənt]　**suit** [suːt]　**fit** [fit]　**comb** [koum]　**unkempt** [ʌnkémpt]

単語暗記ノート

naked 裸の

briefs 男性用パンティー

服の種類

clothes 一般的な服

winter clothes 冬服

clothing 衣類

wear 特別な目的で着る服

sports wear 運動服
　・training clothes トレーニングウエア

suit 一揃いの服
　・bathing suit 水着
　　diving suit 潜水服

costume 伝統衣装
　・theatrical costume 舞台衣装
　　costume play コスプレ
　　costume film 時代映画

uniform 制服
　・school uniform 学生服
　　military uniform 軍服

knit （毛糸などを）編む

sweater セーター

pullover （頭から着る）セーター

button ボタン

cardigan カーディガン

dress shirt ワイシャツ

女性たちの服

brassiere ブラジャー

masquerade 仮面舞踏会 = costume party

underwear パンティー = panties（女性用）

girdle ガードル

coat コート

petticoat ペチコート

petty 小さな

trenchcoat トレンチコート

stockings ストッキング = hose

pantyhose パンティーストッキング
　・tights タイツ

dress ワンピース
　・wedding dress ウエディングドレス

evening dress イブニングドレス

cocktail dress カクテルドレス

make-up 化粧

cosmetic store 化粧品店

compact コンパクト、携帯用おしろい入れ

lipstick 口紅

服装

dirt 垢

washing machine 洗濯機

Laundromat コインランドリー
- do the laundry 洗濯する
- money laundry 資金洗浄
- coin operated self-service laundries 硬貨注入式セルフサービス洗濯所 = coin-op laundry[laundromats]

stain しみ

dry cleaner クリーニング屋

slovenly 汚らしい = untidy

gay 華麗な = brilliant, gorgeous, splendid

tidy こぎれいな = neat

worn out 着古した

ironing アイロンかけをする

wrinkle しわ

smart 素敵な

stylish 着こなしがいい、素敵な
- Fine feathers make fine birds. 馬子にも衣装。

rags ぼろ服
- A rags to riches story. 鳶が鷹を生む話

shabby みすぼらしい

gaudy けばけばしい
- Discreet cleavage is advised. 胸元の露出がひどい服はご遠慮ください。(cleavageは胸の間の谷間を指す言葉)

fashion 流行 = vogue

brand-new 新商品の

wash your hair 髪を洗う

shampoo シャンプー

detergent 洗剤

suit 似合う = match, look good on

fit サイズが合う
- fitting room 試着室
- The clothes don't suit you. その服、君には似合わないよ。
- The clothes don't fit you very well. その服、君には合わないよ。

comb 髪をとかす

unkempt 髪がもつれた

03 >>> 飲食

食べる単語なくして、英語を論じるな

　食べることほど、僕たちの生活の中で重要で大きな部分を占めているものが、ほかにあるかな？　食卓が台所の中で一番大きな空間を占めているようにね。だから、今度は**food** 食べ物に関して見ていくことにしよう。

　特に調理した食べ物を、**dish** 料理といって、**breakfast** 朝食、**lunch** 昼食、**dinner** 夕食のような規則的で日常的な食事を、**meal**というんだ。**diet**は、体重調節や治療などのための規定食や食餌療法を指す。

- I eat three meals a day. 1日3度、食事をする。
- She is on a diet. 彼女はダイエット中だ。

food [fuːd] 　**dish** [diʃ] 　**breakfast** [brékfəst] 　**lunch** [lʌntʃ] 　**dinner** [dínər] 　**meal** [miːl] 　**diet** [dáiət]

規則的なmealの合間に食べる簡単な食べ物は、**snack** 間食 というんだ。多くの若い女性たちが 痩せようとして lose weight 食事を **skip** 飛ばしして、**munchies** おやつで済ますんだって。後で見てみると、**cookies** お菓子や **beverage** 飲料水のせいで、かえって 太って gain weight しまうのにね。いっそ3食をきちんと食べて間食しないほうが、ダイエットにはいいんだよ。

友だちが集まって 雑談 chat するときに主に食べるお菓子や飲料を、全部まとめて **refreshment** 茶菓 っていうってことを知っておこう。

refreshment
refreshmentは＜re(再び)＋fresh(新鮮な)＞の組み合わせなんだ。だから体を再び新鮮にしてくれるもの、つまり'茶菓'を意味するんだ。

◆◆ いろんな味 ◆◆

みんなはどんな **taste** 味 が好きなのかな？どんな種類の味が、**delicious** おいしいかな？
sugar 砂糖 がたくさん入った食べ物が好き？ じゃあ、**sweet** 甘いなものが好きだってことだけど……。それじゃ、年をとったらおそらく、まともな歯が1本も残っていないだろうね。もしかして 親知らず wisdom tooth が1本残っているだけだったりして。^^

僕は砂糖中毒だ

peach
peachは'素敵な女性'っていう意味に使われる。そしてまあまあの女性はlemonっていうんだ。

桃 peach のように、果物が甘くておいしかったら、**luscious** 甘美な、おいしい っていうんだ。どうしてセクシーで官能的な女性に対してlusciousっていうのか、純真なムン・ドクにはわからないね。ボリボリ。^^

・The blonde lady looked luscious. その金髪女性、すごく官能的だった。

snack [snæk]　**skip** [skip]　**munchies** [mʌ́ntʃiz]　**cookies** [kúki]　**beverage** [bévəridʒ]
refreshment [rifréʃmənt]　**taste** [teist]　**delicious** [dilíʃəs]　**sugar** [ʃúgər]　**sweet** [swiːt]
luscious [lʌ́ʃəs]

オレンジorangeみたいに果汁が多くておいしいときは、**juicy**果汁が多いっていうんだ。あまり熟れていないスモモやレモンのように、目じりに**しわ**wrinkleができるほどすごくすっぱいときは、**sour**すっぱいっていうんだ。もし本当にsourなものが欲しくなったら、**hardy orange**カラタチの実でも食べてみてよ。すっぱくて死にそうになるかもしれないから。-.-;

・This orange tastes rather sour. このオレンジは、ちょっとすっぱい。

　下手してカラタチの実を食べて体がおかしくなったら、有名な**herb doctor**漢方医を訪ねて行って、**Oriental medicine**漢方薬でも処方してもらって飲むんだね。すっごく**bitter**苦いだろうよ。我慢するんだ。こんな言葉もあるじゃないか。

"Good medicine tastes bitter." 良薬は口に苦し。

　韓国人は主に**condiment**調味料を入れて**season**味付けするするんだけど、あまりにも**hot**辛いで**salty**塩辛いに味付けして食べると、大変なことになるよ。だから**胃腸病**stomach troubleが多いのも当たり前だ。**hot pepper**唐辛子や**mustard**辛子なんかは、入れすぎちゃダメだよ。だからって、**soy sauce**醤油をいっぱい入れろってことじゃないぞ。

　さあ、今すぐお母さんが作ったキムチ鍋にそっと水を追加するんだ。ちょっと**tasteless**味がないになっても、多少**flat**味が薄いに食べるほうが、健康にいいじゃないか。^^;;

　えっ、味が薄くなりすぎたって？　じゃあ、ちょっと**冷めた**get cold後に、

---

juicy[dʒúːsi]　**sour**[sáuər]　**hardy orange**[háːrdi ɔ́(ː)rindʒ]　**herb doctor**[həːrb dáktər]
Oriental medicine[ɔ̀ːriéntl médəsən]　**bitter**[bítər]　**condiment**[kándəmənt]　**season**[síːzən]
hot[hɑt]　**salty**[sɔ́ːlti]　**hot pepper**[hɑt pépər]　**mustard**[mʌ́stərd]　**soy sauce**[sɔi sɔːs]
tasteless[téistlis]　**flat**[flæt]

生卵2個を入れてよく**stir**かき混ぜるしてみてよ。そうすると、すごく**thick**濃いになるよ。ハハハ。よくできました。立派な**cook**料理人になれるよ。将来、大きなホテルの**chef**料理長に就職してもいけるよ。^_^

僕が伝授した**culinary skill**料理の技は、どうでしたかな？　今度、また新しい**recipe**調理法がわかったら、教えてあげるよ。乞うご期待！

それよりも、横に**garbage can**ゴミ箱はある？　今**cook**料理するしたものは、お母さんが来る前にすぐに捨てないとダメだよ。下手に見つかったら、殴られちゃうよ。近所の食堂に電話して、すぐに酒のつまみ用のキムチ鍋を注文するんだ。"Do you deliver?"配達できますか？
　ご飯boiled riceは**rice cooker**炊飯器にあるから、いらないだろ。

僕が一人芝居してるって？　エヘヘ、なかなか渋い役者だろ？　渋いといえば、幼い頃、僕んちにあった柿persimmonもすっごく**astringent**渋いだったけどな。キャハハ。-.-;

◆◆ 市場で買い物 ◆◆

みんなの中で「**market**市場は女性が行くものだ」なんて思っている人がいるかもしれないけど、そんなことを言っていると一日中、'ひもじい hungry'思い

---

stir [stəːr]　**thick** [θik]　**cook** [kuk]　**chef** [ʃef]　**culinary skill** [kʌ́lənèri skil]　**recipe** [résəpì:]
garbage can [gáːrbidʒ kæn]　**cook** [kuk]　**rice cooker** [rais kúkər]　**astringent** [əstríndʒənt]
market [máːrkit]

をすることになるかもよ。最近は男も市場で買い物ぐらいできないとダメだぞ。

　僕が教えてあげるよ。デパートに寄って服を買ったから、それを格好よく着て、**traditional market** 昔からある市場に行こう。あっ、でも僕んちの近くには昔からある市場がないな。まっ、仕方ないか。**supermarket** スーパーマーケットにでも行こう。

　今夜は**lettuce** レタスで**pork** 豚肉と**bean paste** 味噌を包んで食べて、一杯飲もうぜ。もちろん、**grill** 焼くして食べないとね。そのためには……何を買おうかな？

　あ〜、**produce section** 農産物販売コーナーだ。ここで**vegetables** 野菜の新鮮度をチェックするついでに、ちょっとちぎって食べながらあちこち見て回ることにしよう。^^ 野菜は**fresh** 新鮮なのが命だからね。だから一番最後に買わないとね。僕って、賢いだろ？

　えーっと、まず"MEAT"って書いてある所 section を探さないとな。あ〜、見つけた。精肉コーナーに行くと、おじさんたちがいつも包丁を持っていて、ちょっと怖いぞ。

「おじさ〜ん、I'd like 1kg of pork. Please, slice the meat thin. 豚肉1kgだけちょうだい。肉はちょっと薄く切ってね」

ウワ〜、おじさんの包丁さばき、ちょっと見てよ。ウウウ〜、あれは僕の嫌いな**fat** 脂肪じゃないか？

"Could you trim the fat off the meat?" 脂肪は取ってもらえる？

計算方法

大部分のアメリカ人たちの計算方法は、韓国とちょっと違う。例えば$48の服を買って$100を渡すと、店員は客に$1を1枚ずつ渡して$49、$50まで数えるんだ。その後、$10紙幣を1枚ずつ渡しながら$60、$70、$80、$90、$100まで数えて計算が終わるんだ。つまり服が$48だから、客に$100を満たしてやるっていう概念なんだね。

---

traditional market [trədíʃənəl má:rkit]　**supermarket** [sú:pərmà:rkit]　**pork** [pɔ:rk]　**lettuce** [létis]　**bean paste** [bi:n peist]　**grill** [gril]　**produce section** [prədjú:s sékʃən]　**vegetables** [védʒətəbəl]　**fresh** [freʃ]　**fat** [fæt]

おじさん、すごい**怖い顔する**make a faceなあ。ウワー、こっわーい。

さあ、今度は野菜を買いに行かなくちゃ。レタスと**onion**たまねぎ、**unripe red pepper**青唐辛子も買わないと。おばちゃん、ちょっとだけちょうだい。

あ！　**sesame leaf**ゴマの葉を忘れてた。

最近、**strawberry**イチゴが**in season**旬のだから、ちょっとだけ買っていこう。ちょっと味見をしてみてからっと。

"May I taste this strawberry?"　このイチゴ、ちょっと味見していいですか？

えっ、また怖い顔する。でも、すっごくおいしい。ただで1つ食べさせてもらったから、一言ちょっと言ってやろうかな。

①meat and poultry section 肉類＆鶏肉コーナー　②shopping cart ショッピングカート
③canned goods 缶詰製品　④aisle 通路　⑤baked goods パン・製菓類　⑥dairy section 乳製品
⑦shopping basket 買い物かご　⑧produce section 農産物コーナー　⑨pet foods ペットフード

onion [ʌ́njən]　unripe red pepper [ʌ̀nráip red pépər]　sesame leaf [sésəmi liːf]
strawberry [strɔ́ːbéri]　in season [in síːzən]

"Wow, this strawberry tastes wonderful." うわ〜、このイチゴすごくおいしいね。
おいしいから、買わないとね。
"Could I buy just two strawberries?" イチゴ、2個だけちょうだい。

物を探すときに、
"Where can I find an onion?" たまねぎ、どこですか？
って店員さんに聞いてもいいけど、聞く前にお店の表示を見て一度探してからにしよう。鶏や七面鳥などを買いたかったらPOULTRYを探せばいいし、ハムやチーズのような調製食品を買うんだったらDELIとかDELICATESSENを、牛乳みたいな乳製品はDAIRYを探せばいいよ。あ、忘れてた。魚だ。これは知ってるだろ？　FISH & SEAFOODだね。

⑩ **frozen foods** 冷凍食品　⑪ **baking products** 製菓［製パン］材料
⑫ **paper products** 紙製品（トイレットペーパーなど）　⑬ **beverages** 飲料　⑭ **snack foods** スナック
⑮ **cash register** レジ　⑯ **checker** レジ係員　⑰ **express checkout line** 早いレジ
⑱ **paper bag** 紙袋　⑲ **plastic bag** ビニール袋

◆◆ 料理する ◆◆

ふー。あんまり**おしゃべり**gibberishしたから、すっごく**hungry**空腹になった。このままじゃ、**starve to death**飢え死にするしちゃうよ。いつもしっかり食べないで過ごしてるからか、ふらふらして授業のときもしっかり話せやしないんだから。

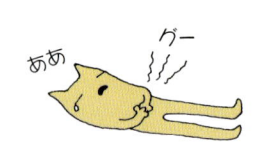

それにしても最近、どうしてこんなに食欲がないのかな、チェッ。僕が食欲を殺ぐような奴だからかな？

最低だ！
'その女、最低だ' って言いたければ、She turns me off. または She's nasty. って言えばいいよ。

もしかして、おいしい**appetizer**前菜、食欲が湧いてくるようなものを知っている人、いるかな？

ところで、**サラダ**saladと**スープ**soupは、前菜じゃないってことを知っておこうね。前菜は、胃に負担を与えないで食欲をそそる料理のことをいうんだ。主に燻製やマグロのカルパッチョタルタル、エスカルゴ（カタツムリの料理）なんかだ。

・I have no appetite these days. 最近、食欲がないんだ。
・I have a wolfish appetite these days. 最近、食欲旺盛なんだ。

知ったかぶりはもうこのぐらいにして、久々にご飯でも炊こうかな。**noodles**ラーメンはもう飽き飽きして、食べられないよ。初めに**rice**米を水に30分ほど浸けておいて、**macerate**ふやかすしたらご飯がおいしくなるよ。**cereals**シリアルを入れるともっとおいしくなるけど、今はないから、ほかほかの湯気の立つ白いご飯を作って食べることにしよう。おいしそうだろ？

---

hungry [hʌ́ŋgri]　**starve to death** [stɑːrv tu: deθ]　**appetizer** [ǽpitàizər]　**noodles** [núːdls]　**rice** [rais]　**macerate** [mǽsərèit]　**cereals** [síəriəl]

米は3回ほど**wash**とぐしてね。あんまりとぐと、**nutrient**栄養分がいっぱい入っている**胚芽**embryo bud of riceが取れてしまうって、うちの母さんが言ってたよ。
　水加減をきちんとするのが、ご飯を炊くときの**カギ**key pointだってこと、知ってるだろ？　**手のひら**palmを開いて米の上に載せて、水が手の甲の中間ぐらいまで来るようにすればいいよ。えっ？　お姉さんの手のひらが、厚すぎるって？　どうしたもんだろう。それじゃ、足の平でも入れて合わせてみたら？　ハハハ。

　炊飯器のスイッチが**炊飯中（調理中）**cookingから**保温**keeping warmに変わったからって、すぐにご飯をよそって食べちゃダメだぞ。**rice scoop**しゃもじでご飯をかき混ぜた後、5分ほどおいておくんだ。これがまさに、ご飯を**steam thoroughly**蒸らすする過程なんだ。もちろん、お腹がすいてる人は、こう言うだろうね。
　「なんでご飯を持ってこないで蒸らしてなんかいるんだ！」
　でも、蒸らさないと十分においしいご飯にならないんだ。
　僕って、ご飯炊くの上手だろ？　ぼくちん、可愛い？　ああ、ムン・ドクはできないことが何もない**八方美人**everybody's friendなんだから。可愛くてたまんな〜い。

① **sunny-side up**
ひっくり返さないで、片面だけ焼いたもの
② **over hard**
破裂させて両面焼いたもの
③ **soft-boiled egg**
半熟
④ **scrambled**
スクランブルした

① Sunny-side up　② over hard　③ Soft-boiled egg　④ Scrambled

　もうこれで**set the table**食卓を整えるして**sunny-side up**目玉焼きの片面だけ焼いたも

wash [waʃ]　**nutrient** [njúːtriənt]　**rice scoop** [rais skuːp]　**steam thoroughly** [stiːm θɚ́ːrouli]
set the table [set ðə téibəl]　**sunny-side up** [sʌ́nisaid ʌp]

のを作って、ご飯と一緒においしく召し上がれ。**side dish** おかず と **soup** 汁物 がなくても、おいしく食べないとダメだ。こんな言葉もあるじゃないか。
　"Hunger is the best sauce."　空腹にまずいものなし。
・I'm really full. — I really stuffed myself. あー、ほんとにお腹いっぱいだ。
　——妊娠したの？　ハッハッハッ。

doggy bag
食堂で食べ物を食べ残したとき、残ったものを持ち帰るために、お店の人に袋をちょうだいって言うときがあるね。そんなときは、Doggy bag, please.と言うんだ。家に持って帰って犬にやるっていう意味だけど、実際には人が食べるんだよ。^^

　あ！　それから覚えておくべきことが1つ。食べ物は残すなよ。韓国は **leftovers** 残飯 が **環境汚染** environmental pollution の主犯なんだって。だからお腹が破裂しそうになっても、みんな食べないとダメだぞ。それでも足りなかったら、**dessert** デザート をどうぞ。吐きそうだって？　へへへ。

　最後に、簡単に調理法に関してかいつまんで説明しながら、料理のことは終わりにするね。'かき混ぜる、かき回す' は **stir**、'(おろし金で) すり下ろす' は **grate**、'注ぐ' は **pour**、'皮をむく' は **peel**、'切り分ける' は **carve**、'(卵、クリームなどを) かき混ぜる' は **beat**、'(食パン、チーズなどを) 切る' は **slice**、'細かく切る' は **chop**、'蒸す' は **steam**、'(肉、魚などを) オーブンで焼く' は **broil**、'(パン、ジャガイモなどを) 焼く' は **bake**、'油で揚げる' は **fry**、'ゆでる' は **boil** を使うといいよ。

◆◆ **食堂で** ◆◆

eat out 外食する するのを控えて家でご飯を作って食べるのが、節約するにはいいけれど、仕事が忙しかったり、一人暮らしだと **restaurant** レストラン・料理店 でご飯を食べることのほうが多くなるよね。人気のレストラ

side dish [said diʃ]　soup [suːp]　leftovers [léftòuvər]　dessert [dizə́ːrt]　stir [stəːr]　grate [greit]　pour [pɔːr]　peel [piːl]　carve [kɑːrv]　beat [biːt]　slice [slais]　chop [tʃɑp]　steam [stiːm]　broil [brɔil]　bake [beik]　fry [frai]　boil [bɔil]　restaurant [réstərənt]

ンでは、お客さんがあまりにも多くて**stand in line** 列に並ぶしないといけない場合もあるね。そんなときは**cut in line** 割り込みするしないで、前もって行く前に**make a reservation** 予約するするセンスを発揮しよう。

そこは人気の料理屋さんだから、予約しないとダメだ！

そう？

・This restaurant is always crowded. このレストランはいつも満席だ。

僕はハンバーガー

To go, please.

もし時間がなければ、**fast food** ファストフード店に行って**hamburger** ハンバーガーでも**to go** 持ち帰りして食べるほかないね。

"Here or to go?" ここでお召し上がりですか、お持ち帰りですか？

"To go, please." 持ち帰りです。

レストランを利用することになったら、ウェイターが席に案内するまで待つんだよ。それから入って席についたら、**menu** メニューを見せてくれるよ。食べたいものの中で、一番安いものを（お金がないから！）決めてから、**order** 注文するするんだ。メニュー選択に自信がなければ、こう言えばいいよ。

"What's good here?" ここで一番おいしいのは何ですか？

"Can you recommend anything?" 何かお勧めはありますか？

とか言うといいよ。じゃなければ、こういうのはどうかな？

難しいな！

お決まりですか？

お、なかなかやるな

What's today's special?

"What's the chef's recommendation?" 今日のお勧めメニューは何ですか？

"What's today's special?" 今日の料理は何ですか？

"What can I get quickly?" 早く出てくるのは何ですか？

---

cut in line [kʌt in lain]　**make a reservation** [meik ə rèzərvéiʃən]　**fast food** [fǽst fuːd]
hamburger [hǽmbəːrgər]　**to go** [tuː gou]　**menu** [ménjuː]　**order** [ɔ́ːrdər]

もし友だちと一緒に食事をする席で、友だちがおいしいのを頼んだら、こういうのはどうかな。

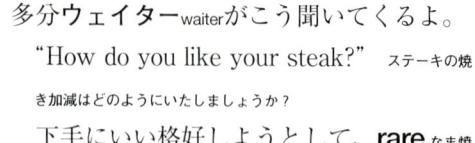

"I'll have the same." 私も同じもので。

beefsteak ビーフステーキを注文する場合は、多分ウェイター waiter がこう聞いてくるよ。

"How do you like your steak?" ステーキの焼き加減はどのようにいたしましょうか？

下手にいい格好しようとして、**rare** なま焼け（レア）とか、**medium** ミディアム（赤みが残っているぐらいの焼き方）中間程度に焼けたを選んで全部残しちゃうよりも、

"Well-done, please." よく焼いてください。

って言おうね。じゃなければ、**medium well-done**（ミディアムよりwell-doneに近い）って言ってみることだ。

僕は手にチョークの粉がついている場合が多いから、食堂に行くと必ず **wet towel** おしぼりをもらうことにしてるんだ。手はよく拭くほうがいいって、最近では政府広報でもさかんに言っているよね。食べ物を食べる前には、必ず手を拭こう！

注文した食事が出てくると、**spill the food** 食べ物をこぼすしないように、注意しておいしく食べるんだよ。レストランでは **napkin** ナプキンをくれるから、時々口元についた食べ物を **wipe** 拭くしてね。一緒にいる人の食欲をなくしちゃ困るからね。もしもウェイターが食べ物を出しながら、こう言うと、ラッキーだっ

---

beefsteak [bíːfstèik]　**rare** [rɛər]　**medium** [míːdiəm]　**wet towel** [wet táuəl]
spill [spil]　**napkin** [nǽpkin]　**wipe** [waip]

て思うよね。

"This is on the house." これはサービスです。

全部食べたから、今度はお勘定だ。この瞬間が、一番大切なんだ。もし友だちが、

"Let me get this." 僕がおごるよ。

って先に言ったら、ありがとうと言って食堂から先に出ちゃおうね。^^　相手におごらせたくなかったら、やいのやいの言わずにこう言おう。

"Let's go Dutch." 割り勘にしよう。

それから、勘定してもらってるときはreceipt 領収書もちゃんともらわないとね。

・Can we have the bill, please? お勘定、お願いします。
・What's the total? 全部でいくらですか？

(Let me get this. / オッケー！)

Dutchの由来
オランダ人たち(Dutch)は、お互い各自でお金を出す習慣があるそうだ。だから別々で払おうって言うとき、Dutchが入るそうだ。

◆◆ 居酒屋で ◆◆

体にはよくないけど、こいつがいなけりゃ生きていけないねえ。それは、alcohol 酒だ。フー、昨日の夜も飲みすぎて、hangover 二日酔いで今も頭がずきずき痛むんだ。

(さあ、蜂蜜湯よ)

でも、昨日はあんなにたくさん飲むほどの理由があったんだ。久しぶりに友だちに会ったんだけど、そいつがこう言うんだ。

"Let me buy you a drink." 俺のおごりだ。

ただって言われて飲まない法はないからね。だから友だちにこう言ったん

---

receipt [risíːt]　　**alcohol** [ǽlkəhɔ̀ːl]　　**hangover** [hǽŋòuvər]

乾杯!!

'乾杯しよう！'っていう意味でLet's make a toast.を使いもするんだけど、昔は味をよくするためにグラスにトーストを一切れ入れたっていうことに由来する表現なんだよ。

だ。
"Let's drink till we drop." ぶっ倒れるまで飲もう。

最初は僕の知ってる**bar**バーに行って**beer**ビールで軽く始めたんだ。交わし合う酒に情が溢れるってもんだ。少しずつ雰囲気がよくなるにつれて、こんな言葉が行き来し始めたんだ。

"Cheers!" 乾杯！
"Bottoms up." 一気！

そうこうしているうちに、突然ビールが味気ない flat って感じが、僕の右脳から突然わきあがってくるじゃないか。だから**whisky**ウィスキーに移ったんだ。友だちは**on the rocks**氷を入れてで飲んだけど、僕はこう言ったんだ。

"I like it straight." ストレートでください。
"Make that a double, please." ダブルにしてください。

やっぱり僕は**heavy drinker**大酒飲みみたいだ。浴びるほど飲んだもんだから、いつの間にか**feel tipsy**酔いが回るしたみたいだった。**be buzzed** フラフラするして体を支えることができなくなったんだ。だから友だちが、

"Let's make this the last one." 最後の一杯にしようぜ。

って言ったんだよ。友だちは気分よく勘定を済ませて出てきたんだけど……。

嫌がる友だちを無視して、ハシゴしたんだ。へへへ。

・Let's go bar-hopping. ハシゴしよう。

---

bar [bɑːr]　beer [biər]　whisky [hwíski]　rocks [rɑks]　heavy drinker [hévi dríŋkər]　tipsy [típsi]　buzzed [bʌzd]

170

また金を払わされると思って腹を立てた友だちは仕方なく、僕を別の店へ連れて行ってくれたんだけど、全く記憶がないんだ。どうしてかって？そんなの、決まってるだろ。**black out** 一時的記憶喪失したからさ。でも、友だちが安全に僕を家に連れて行ってくれたから、どれほどありがたかったか。感心な奴だ。ところで次の日の朝起きて、前の日の夜に食べた物を、そっくりそのまま**throw up** 吐くしちゃったんだ。もったいない……。

とにかく、すぐにでも**quit drinking** 酒をやめるでもしないと、体を本当に悪くしちゃうよ。みんなもお酒をやめられるかどうかはわからないけど、適量にしとこうね。

飲酒エチケット
私たちは焼酎やビール、ウイスキーを飲むときに'キャ〜''ク〜'などの感嘆詞が飛び出るのが、とっても自然なことだって考えるじゃないか。でも外国人の前では気をつけないとね。こんな行動を奇妙に思う人が多いからね。

black out [blæk aut]　**throw up** [θrou ʌp]　**quit drinking** [kwit dríŋkiŋ]

単語暗記ノート

food 食べ物

dish 料理

breakfast 朝食

lunch 昼食

dinner 夕食
- I eat three meals a day. 1日3度、食事をする。
- She is on a diet. 彼女はダイエット中だ。

meal 食事（周期的で日常的な食事）

diet 規定食、食餌療法

snack 間食 = eating between meals, light meal

skip 飛ばす

munchies おやつ

cookies お菓子

beverage 飲料水
- vending machine 自動販売機

refreshment 茶菓
- refreshment: re（再び）+fresh（新鮮な）→茶菓（体を再び新鮮にしてくれるもの）

いろんな味

taste 味

delicious おいしい

sugar 砂糖

sweet 甘い = sugary

- I have a sweet tooth. 私は甘いものが好きなの。

luscious 甘美な、おいしい
- The blonde lady looked luscious. その金髪女性、すごく官能的だった。

juicy 果汁が多い = succulent

sour すっぱい = acid
- This orange tastes rather sour. このオレンジは、ちょっとすっぱい。
- sour 意地悪で、怒ってブンとしている
  What's the sour look for? どうしてブンとしてるんだい？

hardy orange カラタチの実

herb doctor 漢方医

Oriental medicine 漢方薬

bitter 苦い
- Good medicine tastes bitter. 良薬は口に苦し。

condiment 調味料

season 味付けする

hot 辛い = pungent

salty 塩辛い

hot pepper 唐辛子

mustard 辛子

soy sauce 醤油

tasteless 味がない

flat 味が薄い = insipid
- flatはもともと '平たい' の意味で、'味がない、タイヤの空気が抜けた、退屈だ、断固としている' という意味を持っている。

stir かき混ぜる = beat up

thick 濃い、どろどろしている

cook 料理人
- cook 料理する、料理人
  cooker 調理器具
  cookery 料理法

chef 料理長

culinary skill 料理の技

recipe 調理法 = cookery

garbage can ゴミ箱 = trash can

cook 料理する

rice cooker 炊飯器

astringent 渋い

市場で買い物

market 市場

traditional market 昔からある市場

supermarket スーパー

pork 豚肉

lettuce レタス

bean paste 味噌

grill 焼く = toast

produce section 農産物販売コーナー

vegetables 野菜

fresh 新鮮な

fat 脂肪

onion たまねぎ

unripe red pepper 青唐辛子

sesame leaf ゴマの葉

strawberry イチゴ

in season 旬の

料理する

hungry 空腹な

starve to death 飢え死にする、餓死する

appetizer 前菜、食欲をそそるもの
- dessert デザート
  desert 砂漠、捨てる
- I have no appetite these days. 最近、食欲がないんだ。
  I have a wolfish appetite these days. 最近、食欲旺盛なんだ。

noodles ラーメン

rice 米

macerate ふやかす

cereals 雑穀

wash とぐ = rinse

nutrient 栄養分

rice scoop しゃもじ

steam thoroughly 蒸らす

set the table 食卓を整える

sunny-side up 目玉焼きの片面だけ焼いたもの
- poached 落とし卵
- over hard 破裂させて両面全て焼いたもの
- soft-boiled egg 半熟
- scrambled スクランブルした

side dish おかず

soup 汁物

leftovers 残飯
- 残った食べ物を包んでください。
  Can I get that to go, please?
  Can you pack the leftovers, please?
  I'd like to take the rest home.
  Could I have a doggy bag?

dessert デザート

stir かき混ぜる

grate （おろし金で）すり下ろす

pour 注ぐ

peel 皮をむく

carve 切り分ける

beat （卵、クリームなどを）かき混ぜる

slice （食パン、チーズなどを）切る

chop 細かく切る

steam 蒸す

broil （肉、魚などを）オーブンで焼く

bake （パン、ジャガイモなどを）焼く

fry 油で揚げる

boil ゆでる

食堂で

eat out 外食する

restaurant レストラン、料理店

stand in line 列に並ぶ

cut in line 割り込みする

make a reservation 予約する
- This restaurant is always crowded. このレストランはいつも満席だ。

fast food ファストフード

hamburger ハンバーガー

to go 持ち帰る

menu メニュー
- メニューを見せてください。
  Will you show me the menu, please?
  May I see a menu?
  Menu, please.

order 注文する
- 同じものをください。
  I'll have the same.
  I'll have that, too.
  Make that two.
  Same here.
- 君のと同じものにするよ。
  I'll have the same as you.

beefsteak ビーフステーキ

rare レア（なま焼け）

medium ミディアム（赤みが残っているぐらいの焼き方）
- well-done 十分に焼けた
  medium well-done 中間程度からもう少し焼けた

wet towel おしぼり

spill the food 食べ物をこぼす

napkin ナプキン

wipe 拭く
- wipe one's mouth with one's napkin ナプキンで口を拭く
- spread one's napkin on one's lap ナプキンを広げて膝に掛ける
- fold a napkin ナプキンをたたむ

This is on the house. これはサービスです。
- サービスです。
  This is free.
  You don't need to pay for this.
  We won't charge for this.
  This is service. (×)

Let me get this. 僕がおごるよ。
- 僕がおごるよ。
  It's on me.
  I'd like to pay for this.
  I'll pick up the tab.

Let's go Dutch. 割り勘しよう。
- Let's split the bill.
  Let's go fifty-fifty on the bill.

receipt 領収書

居酒屋で

alcohol 酒

hangover 二日酔い

bar バー、酒場

beer ビール

whisky ウイスキー

on the rocks 氷を入れて

Make that a double, please. ダブルにしてください。
- Double shot, please.
  Make it strong.

heavy drinker 大酒飲み
- I feel tipsy. 酔いが回った。
  Let's go bar-hopping. ハシゴしよう。

feel tipsy 酔いが回る

be buzzed フラフラする

black out 一時的に記憶を失う
- pass out 一時的に記憶を失う
  pass away 亡くなる、死ぬ

throw up 吐く ＝ barf, vomit

quit drinking 酒をやめる ＝ stop drinking

04 >>> ショッピング

'在庫一掃セール'は英語でどう言うか

さあ、これで**衣食住** food, clothing, and housing が解決したから、**shopping** ショッピングにでも出てみようか。最近は **department store** デパートじゃなくても **discount mart** 量販店が人気だよね。ほとんど **wholesale price** 卸売価格で買えるんだから。行ってみると、みんな何であんなに買うものが多いのか、**cart** 手押し車が可哀そうなほどいっぱいに詰めて、**checkout counter** レジで長い列を作ってるんだよ。

デパートも **bargain sale** バーゲンセールには **retail price** 小売価格よりも安く売る場合があるんだ。

特に **clearance sale** 在庫一掃セールするときは、破格値で売るよ。だからある **merchandise** 商品が **sold out** 品切れしたする直前まで待って買うのさ。

でも服の場合は**サイズ** size が合

Garage Sale
外国でよく見られる一風変わった風景だ。本人が必要なくなったものを陳列して売るんだよ。ガレージじゃなくて庭でするときは、Yard Saleっていって、引越しのために生活道具を処分する場合はMoving Saleっていうんだ。

(吹き出し)涙の Clearance Sale だ / みんな持ってけ

shopping [ʃápiŋ]　　department store [dipá:rtmənt stɔ:r]　　discount mart [dískaunt mɑ:rt]
wholesale price [hóulsèil prais]　　cart [kɑ:rt]　　checkout counter [tʃékàut káuntər]
bargain sale [bá:rgən seil]　　retail price [rí:teil prais]　　clearance sale [klíərəns seil]
merchandise [má:rtʃəndàiz]　　sold out [sould aut]

わなかったり、雑な縫製で**縫い目**bits of threadまではっきりと見えるものも多いと思うよ。こんな言葉、知らないか？

"Buy cheap and waste your money." 安物買いの銭失い。
クックック。

でもあんまり**top brand**ブランド物ばかり追っかけてると、**破産状態**bad creditになっちゃうよ。何としても海外ブランドを買いたいって言うんだったら、**window shopping**ウィンドーショッピングをしておいて、外国旅行に出るときに**duty free (shop)**免税店を利用したら、ずっと安く買えるだろうよ。

じゃなけりゃ、僕みたいに**fake**偽物を買えば？ 僕が好きなのは、主にナイティの運動靴、バーバディーの財布、ローレックソの時計なんかだ。なんたって、**genuine**本物のはとっても**expensive**高いだろ？

へへ、冗談だよ。正しい商道徳を守るためにも、偽物は買わないようにしよう！

昨日はデパートに行って**店員**clerkをすごく困らせちゃったんだ。キャハハ。特に**favorite brand**好きなブランドがないから、洋服売場をうろうろ歩いて目にふっと入ってくる服を試すんだ。昨日も気に入った服を見つけて僕に合いそうな**size**サイズの服を試着してみたんだ。そしたら、その店員は僕にぴったりだって言って、おだて始めたんだ。言って

---

top brand [tɑp brænd]　**window shopping** [wíndou ʃápiŋ]　**duty free shop** [djú:tifrí: ʃɑp]　**fake** [feik]　**genuine** [dʒénjuin]　**expensive** [ikspénsiv]　**favorite brand** [féivərit brænd]　**size** [saiz]

ることは、合ってるには合ってるよ。僕が着るんだから、似合わないはずないだろ。エッヘン。
　でも高すぎるんだよ。だから僕がこう言ったんだ。
　"What a rip off! Can you give me a discount?" ふっかけられてるみたいだ。ちょっとまけてよ。
　するとその店員は、何をまけろって言うんだってすごい勢いで怒り出したんだ。デパートだから**fixed price**定価だって言うんだ。だから僕も、
「デパートだってまけてくれてもいいじゃないか」
って続けて言ってやったんだ。結局、礼儀知らずにもこんなことを言うんだ。
　"Take it or leave it." 買うのも買わないのもご勝手に。
だから、
　"I'll look around a little more." ちょっとほかを見てくるよ。
って言って、そのまま出て来たんだ。服に鼻クソつけておいたからな。アッカンベ〜〜。ウッハッハッハッハッ。

Pawn Shop

街を歩いていると、看板にPawn Shopって書かれてるのをたくさん見かけるけど、これは〝質屋〟っていう意味なんだって。ものを預けてお金を借りる人も多いし、取りに来ないものを売るからその中古品を買うためにたくさんの人が利用するんだ。家電製品、スポーツ用品、おもちゃ、本、レコードなど、いろんなものを扱っているんだ。

　最近では**Internet shopping mall**インターネット通販や、**TV home shopping**テレビショッピングで安くものを買う人も多いみたいだね。特にあるショッピングサイトでは、**auction**競売方式でものを売るから、本当に安くものが買えるそうだ。考えてみれば、セール期間中にデパート近くの**市内**downtownの**交通渋滞**traffic jamのことを考えると、**on-line shopping**オンラインでショッピングをするほうがずっと効率的かもしれないね。

　ところで最近では街中にアメリカにあるウォルマートみたいな量販店がたくさんで

---

fixed price [fíkst práis]　　**Internet shopping mall** [íntərnèt ʃápiŋ mɔːl]　　**auction** [ɔ́ːkʃən]
on-line [ánlàin]

きて、昔からの小さな**store**店が泣いてるそうだよ。僕はわりと街中の小売店を利用するほうなんだけどね。どうしてかって？ **on credit**ツケで払えるからね。来月黙ってそっと引っ越さなくちゃ。フフフ。

　韓国のように**convenience store**コンビニが多い国も、ほかにないと思うよ。コンビニが人気なのは、多分24時間ずっと利用できるからだろうね。韓国人は**夜遅くまで起きている**sit up lateことで有名じゃないか。
　酒に酔った人たちが、夜中や早朝にもよく利用できるんだけど、あるおじさんなんかは酔って**scratch and win lottery ticket**スクラッチ宝くじを1つ買いながら、店員に宝くじさえ**haggle**値切るしようとするんだからね。それから、出て行くときに買ったものを入れていくからって**plastic bag**ビニール袋を1枚くれって言うんだ。

　何に使うかって？　わかりきってるよ。間違いなく**吐く**vomitためだろうさ。ウエッ!!
　そこまではまだいいんだ。ところが、いつも大声で言うんだ。
　"Keep the change!!" つりはいらない!!
　おじさん！　おつりは1円ですよ！

　知ってる？　アメリカやカナダのスーパーでは、3％以下の低アルコールビールしか売っていないんだ。それ以上のアルコール度数の酒は**liquor store**酒店でしか買えないんだ。もちろん、子どもは入れないよ。お酒を買うときは、身分証明書を提示しないといけないしね。

---

store [stɔːr]　**on credit** [ɑn krédit]　**convenience store** [kənvíːnjəns stɔːr]　**scratch** [skrætʃ]
lottery [lɑtəri]　**haggle** [hǽgəl]　**plastic bag** [plǽstik bæg]

単語暗記ノート

- **shopping** ショッピング
- **department store** デパート
- **discount mart** 量販店
- **wholesale price** 卸売価格
- **cart** 手押し車、カート
- **checkout counter** レジ
- **bargain sale** バーゲンセール
- **retail price** 小売価格
  - MSRP メーカー希望小売価格(manufacturer's suggested retail price)
- **clearance sale** 在庫一掃セール
- **merchandise** 商品
- **sold out** 品切れした、売り切れた = out of stock
- **top brand** ブランド物
- **window shopping** ウィンドーショッピング
- **duty free shop** 免税店
- **fake** 偽物 = imitation
- **genuine** 本物の = authentic
- **expensive** 高い = costly, dear
- **favorite brand** 好きなブランド
- **size** サイズ
  - Do you have this in my size? これで私に合うサイズはありますか？
    What size do you wear? どのサイズをお召しですか？
    I wear a medium. 私はMサイズを着ます。
    We don't have your size. お客様に合うサイズはありません。
    Do you have this in a larger size? 1つ大きいサイズのものをください。

- **fixed price** 定価
- **Internet shopping mall** インターネット通販
- **TV home shopping** テレビショッピング
- **auction** 競売
  - Dutch auction 逆競売（値段を下ろしながらする競売, reverse auction）
    public auction 公売
    mock auction 談合取引
- **on-line** オンラインで
- **store** 店
- **on credit** ツケで
  - No credit. Cash only. ツケお断り
    installment plan 分割払い
  - on a 12-month installment plan 12ヶ月分割払いで
- **convenience store** コンビニ
- **scratch and win lottery ticket** スクラッチ宝くじ
- **haggle** 値切る
  - How much discount do we get? どれぐらい割引になりますか？
    50% off. 50%割引
- **plastic bag** ビニール袋

05 >>> スポーツとレジャー

どんな運動をしていますか

みんなは健康のために、毎日 **exercise** 運動してる？ 特にしているのはなくて、月の明るい夜だけ **gymnastics** 体操をしているって？ おっかしいね。キャハハ。
言い訳になるかもしれないけど、僕は運動する時間がなくて、早朝授業のときに **教壇** podium 上をずっと行ったり来たりしながら、**morning walk** 朝の散歩をしているんだ。そのせいか、一番前の列には誰も座らないよ。フ～。

・You should get regular exercise to stay healthy. 健康のためには、規則的に運動しなければいけません。

運動は運動でも、命をかけてする運動もあるんだ。
そう！ **independence movement** 独立運動！ 韓国では酔うとカラオケで独立軍歌を歌う人もいるんだよ。"独立～

---

exercise [éksərsàiz]　**gymnastics** [dʒimnǽstiks]　**morning walk** [mɔ́ːrniŋ wɔːk]
independence movement [ìndipéndəns múːvmənt]

独立〜ああ独立、1枚2枚と葉の散る秋の夜に〜〜♬♪"すごい歌詞だろ？ホホホ。

とにかく、運動を一生懸命にしよう。こんな言葉もあるだろ？
"Our physical stamina is our national power." 体力は国力だ。

韓国人が世界で一番得意な**sports**スポーツは、何かな？ **archery**洋弓、**taekwondo**テコンドー、**badminton**バドミントンのような強い**event**種目もあるけれど、一番は**Korean wrestling**シルム〔訳者注：韓国相撲のこと〕が一番強いんじゃないかな？ ほかの国の人たちは、多分**thigh band**サッパ〔訳者注：シルムで太ももと腰に結んで組み合うときの相手のつかみどころとする帯〕ができないだろうからね。^^

語根chron '時間'
語根chronは、'時間'っていう意味だ。synchronizeは'一緒に'っていう意味のsynとchron（時間）が合わさって、'同時発生'っていう意味になるんだ。
・ana（後）+chron（時間）
→時代に逆らった、時代錯誤的な(anachronistic)

Olympic Gamesオリンピック競技の中で、僕が一番不思議だと思う種目は、アニメけろっこデメタンの彼女ラナタンのように時間に合わせて水の上に上がってくる**synchronized swimming**シンクロナイズド・スイミングなんだ。見るたびに本当に感動させられるよ。その次に不思議な種目は、**walking marathon**競歩だ。あんなに速く歩いて、足がつったら have a cramp どうするつもりなんだろう。でもお尻がつんと出ていて、可愛く見えない？

韓国は**soccer**サッカーが本当にうまいだろ。韓国と日本で共催された2002 Korea-Japan World Cupで**semi-finals**準決勝まで行くという快挙を見せたほどだから、もっとがんばってやったら、いつかは優勝するかもね。さあ、

---

sports [spɔːrts]　archery [áːrtʃəri]　taekwondo [Taekwondo]　badminton [bǽdmintən]　event [ivént]　Korean wrestling [kəríːən réslin]　thigh band [θai bǽnd]
Olympic Games [əlímpik geims]　synchronized swimming [síŋkrənàiz swímiŋ]
walking marathon [wɔ́ːkiŋ mǽrəθàn]　soccer [sákər]　semi-finals [sémifáinəlz]
Red Devils [red dévls]　cheering [tʃíəriŋ]

Red Devils 赤い悪魔と一緒にcheering 応援しよう。

　ところで、FIFAはどこから来た言葉かな？これぐらいは常識だから、絶対に覚えておこうね。こんなことも知らないからって、韓国のranking 順位が下がったら、どうする？＾＾

　FIFAはFédération Internationale de Football Association（世界サッカー連盟）の頭文字だよ。

　最近はrollerblading ローラーブレードがすごい人気だよね。僕が高校生のときでも、roller skating ローラースケートが人気だったんだよ。roller-skating rink ローラースケート場は非行少年juvenile delinquentたちのアジトだったんだよ。それなのにどうして僕がそこによく行ったかって？　記憶にないなあ。へへへ。

　実は、本当にやってみたいleisure sports レジャースポーツがあるんだ。何かっていうと、素敵なresort リゾートに行って人魚mermaidみたいに海の中を探検するscuba diving スキューバダイビングをすることなんだ。

　いつか絶対にスキューバダイビングをして、映画「タイタニックTitanic」でロズが投げた世界最高のネックレスを必ず探し出してやる！　へへへ。それを探してbeach 海岸でbikini ビキニを着てsuntanning 日焼けしてる美女に渡しながら、プロポーズするんだ。「これ、買わない？」って言ってね。ハハハ。じゃ、ビキニを着た美女がこう言うだろうね。

---

ranking [rǽŋkiŋ]　　**FIFA** [fífə]　　**rollerblading** [róulərbleidiŋ]　　**roller skating** [róulər skéitiŋ]
roller-skating rink [róulər skéitiŋ riŋk]　　**leisure sports** [líːʒər spɔːrts]　　**resort** [risɔ́ːrt]
scuba diving [skúːbə dáiviŋ]　　**beach** [biːtʃ]　　**bikini** [bikíːni]　　**suntanning** [sʌ́ntæniŋ]

「あっち行ってよ」
ハハハ。僕ってかなりおかしいよね。

お母さん、僕も気分転換が必要なんだ

毎日、気分転換かい？

みんなは**recreation**気分転換や娯楽のために何をするのかな？　最近の学生たちは、勉強もしないであちこち行って**鉱物**mineralばかり掘ってるようだ。StarCraftゲームで見たら、わかるよ。一度はまったら、寝ても覚めても鉱物のことばかり考えてしまうんだって。そのうち**miner**鉱山業者になっちゃうのかもよ。

・My brother is addicted to StarCraft. 僕の弟はスタークラフト中毒になってる。

recreation [rèkriéiʃən]　　**miner** [máinər]

単語暗記ノート

exercise 運動 = workout
- Do you work out every morning? 毎朝運動しますか？
- You should get regular exercise to stay healthy. 健康のためには、規則的に運動しなければいけません。

gymnastics 体操

morning walk 朝の散歩

independence movement 独立運動
- Independence Day 光復節
  Independence Movement Day 3.1節
  Constitution Day 憲法記念日
  Foundation Day 開天節

sports スポーツ

archery 洋弓

taekwondo テコンドー

badminton バドミントン

event 種目

Korean wrestling シルム

thigh band サッパ

Olympic Games オリンピック競技

synchronized swimming シンクロナイズド・スイミング
- 語根 chron 時間
  synchronize: syn（一緒に）+chron（時間）
  →同時発生する、時計を同じ時間に合わせる
  chronic: 慢性的な
  anachronistic: ana（後）+chron（時間）
  →時代に後れた、時代錯誤的な
  diachronic: dia(through)+chron（時間）→同時的な

walking marathon 競歩

soccer サッカー

semi-finals 準決勝

Red Devils 赤い悪魔

cheering 応援 = rooting

ranking 順位

FIFA 世界サッカー連盟 = Fédération of Internationale de Football Association
- IOC: International Olympic Committee

rollerblading ローラーブレード（インラインスケート）= inline skating
- rink スケート場

roller skating ローラースケート

roller-skating rink ローラースケート場
- golf-links ゴルフ場 = golf course

leisure sports レジャースポーツ

resort リゾート

scuba diving スキューバダイビング

beach 海岸

bikini ビキニ

suntanning 日焼け

recreation 気分転換、娯楽

miner 鉱山業者
- My brother is addicted to StarCraft. 僕の弟はスタークラフト中毒になってる。

06 >>> 旅行

地球は広く、世界は狭い

◆◆ いろんな旅行 ◆◆

　ああ、ショッピングをしに**downtown**市内中心街を歩き回ったから、頭が痛いよ。ほんと、ソウル市内はすごく人が多いからね。**traffic jam**交通渋滞もひどいしね。一山市や九里市みたいな**suburb**近郊に**picnic**ピクニックでも行ったら楽しいだろうな。

　学生時代school daysに行った遠足のこと、覚えてる？　母が作ってくれた海苔巻き！　すごくおいしかったな。特に昼ごはんの後に**hunt**宝探しをするときには、いつも興奮して躍り上がったもんだよ。それから、午後にした**performance contest**出し物大会は楽しかった。僕が歌もうまいしダンスもできるってこと、みんな知ってるだろ？　あの当時が、ムン・ドクの全盛期だったのになあ、フー。

また見つけた！

downtown [dáuntáun]　**traffic jam** [trǽfik dʒæm]　**suburb** [sʌ́bəːrb]　**picnic** [píknik]　**hunt** [hʌnt]　**performance contest** [pərfɔ́ːrməns kántest]

「ああ！ むか〜し、過ぎた時代がまた戻ってこないかな？あの日〜?」

中学・高校のときに行った **field trip** 修学旅行は、1カ月も前から待ち遠しかったもんだ。僕の友だちの1人は、修学旅行に行ってその日からそのまま **a girl who's run away** 家出少女になってしまったんだ。最近の大学生は、長期休暇になると **go backpacking** バックパック旅行するが流行だろ？ 僕が大学のときは、そんなこと想像もできなかったよ。なぜかって、リュックがなかったからね。へへへ。

・I'm going backpacking this summer. 僕は今年の夏にバックパック旅行するんだ。

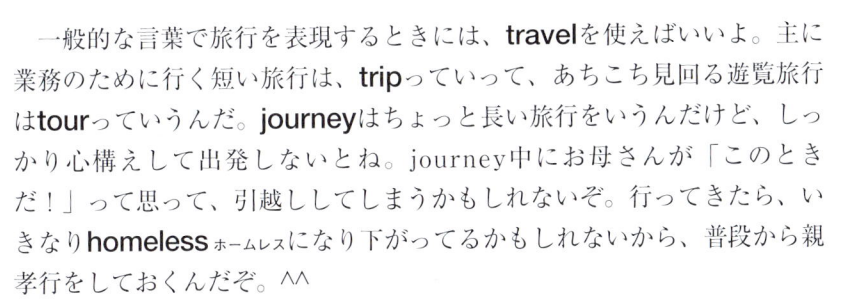

一般的な言葉で旅行を表現するときには、**travel** を使えばいいよ。主に業務のために行く短い旅行は、**trip** っていって、あちこち見回る遊覧旅行は **tour** っていうんだ。**journey** はちょっと長い旅行をいうんだけど、しっかり心構えして出発しないとね。journey中にお母さんが「このときだ！」って思って、引越ししてしまうかもしれないぞ。行ってきたら、いきなり **homeless** ホームレスになり下がってるかもしれないから、普段から親孝行をしておくんだぞ。^^

・I'm going on a four-day (three-night) trip to China. 3泊4日で中国を旅行するんだ。

海上でする比較的長い旅行は、**voyage** 航海っていえばいいよ。水泳 swimming から習っていくことだな。映画「**タイタニック** Titanic」を見て思ったことなんだけどね。水泳さえうまくできれば、船が**沈没したり** sink、ひっ

traveler

travelerは「旅行者、旅行家」という意味だ。じゃあ、journeymanも同じ意味じゃないかって？ journeyにmanがついたけど、意味は「熟練した職工」っていう意味。間違いやすいから、覚えておこう。

field trip [fiːld trip]　**a girl who's run away** [ə gəːrl huːs rʌn əwéi]
go backpacking [gou bǽkpæ̀kiŋ]　**travel** [trǽvəl]　**trip** [trip]　**tour** [tuəːr]　**journey** [dʒə́ːrni]
homeless [hóumlis]　**voyage** [vɔ́idʒ]

くり返っても capsize、彼女を背負って水泳の実力を発揮して立派に生き残ることができるからね。

僕も素敵な pleasure boat 遊覧船に乗って、一度、地中海 Mediterranean Sea に cruise tour クルーズ旅行ができたらいいんだけどな。それからまたいつか暇になったら、南極 Antarctica に safari 探検旅行がしたいな。ペンギン penguin を捕まえてみたいな。いいだろ。ペンギンは足が短いから、僕から逃げることはできないだろうからな。待ってろよ、ペンギン！

historic
historicが'歴史上有名な'っていう意味だったら、historicalは'歴史の'っていう意味なんだ。それからclassicは'一流の'、classicalは'古典の'っていう意味なんだ。

それから体力補強した後に、韓国の historic site 遺跡地を集中的に回る theme tour テーマ旅行もしてみたいな。僕もちょっと歴史意識があってね。キム・ジャジン将軍の青山裏大勝の現場を見ながら、一緒に行った友だちと role-playing 役割演技もしてみるんだ。

これは古代人の遺跡

たまにする旅行は人生の活力 tonic になって、とってもいいよ。だからみんなも大切な人と旅行してみてよ。海外旅行もいいしね。そうするためには、僕の授業をよく聞いて英語の実力もぐんぐん伸ばさなくちゃ。旅行に行って英語がろくにできなかったら、かえってストレスになるからね。^^

旅行もたまにするのはいいけど、いつも旅行中だったら vagabond 放浪者になっちゃうよ。nomad 遊牧民でもないんだから、いつも遊びまわってる

pleasure boat [pléʒər bout]　　cruise tour [kru:z tuər]　　safari [səfá:ri]
historic site [hist(ɔ́(:)rik sait]　　theme tour [θi:m tuər]　　role-playing [róulplèiiŋ]

んじゃないぞ。じゃ、ここでまた呆れたクイズを1つ。一度行ってくるといい旅行が1つあるんだけど、何かな？　まさしく **honeymoon** 新婚旅行だ！^_^　「**Honey** ハニー、浴室からちっとも出てこないで、何してるの？」

◆◆ 海外旅行 ◆◆

"The Earth is large, but the world is small." 地球は広く、世界は狭い。

この言葉は、世界がだんだん狭くなっているっていう意味で、韓国の有名な言語学者ムン・ドクが今言った言葉です。エッヘン。^^

　今や **globalization** グローバル化は避けられない人類の命題になったんだから、みんなも海外旅行する準備をしなきゃね？
　だから僕も今年の春に大決心して、はるかカナダに行って来たんだ。**visa** ビザがなくても行けるところだから、行って来たんだけどね。でも飛行機代がすごい高かったんだ。-...-;;　友だちが **travel agency** 旅行会社に勤めてるから、友だちに先に立て替えさせて、**round-trip ticket** 往復航空券と **hotel** ホテルを **reserve** 予約するようにしたんだ。

vagabond [vǽgəbɑ̀nd]　**nomad** [nóumæd]　**honeymoon** [hʌ́nimùːn]　**Honey** [hʌ́ni]
globalization [glóubəlàizeiʃən]　**visa** [víːzə]　**travel agency** [trǽvəl éidʒənsi]
round-trip ticket [ráundtríp tíkit]　**hotel** [houtél]　**reserve** [rizə́ːrv]

| 空港で |

　出発の日!!　**airport bus** 空港バスに乗って東北アジアの新しい**transportation hub** 交通の要衝として浮上している**Incheon International Airport** 仁川国際空港に行ったんだ。やっぱり誰も**see off** 見送るに来てくれなかったね。まあ、来るわけないけどね。T-Tだから**check-in** 搭乗手続きをしに、1人で**trunk** 旅行用大型トランクをガラガラ引っ張って**airline** 航空会社のカウンターに行って、**flight ticket** 航空券と**passport** 旅券を提示して**boarding pass** 搭乗券を受け取ったんだ。**aisle seat** 通路座席しかないって言うのを、無理言って**window seat** 窓際の席にしてもらったんだ。やっぱり僕は無理難題を言う天才的な素質があるんだねえ。-.-;;

（長距離飛行ではaisle seatが便利さ）

　ところが機嫌を悪くしたその職員が、僕の**baggage** 荷物を秤 scale に載せたかと思うと、重量超過だって言って**extra charge** 追加料金を出せって言うんだ。
「大目に見てよ〜」
　って愛想よく言ったら、からかってるのかって言って、荷物を減らすか料金を出すかしろって言うんだ。怖かったな……。みんなも航空会社の職員に無理を言ったり愛敬を振りまいたりしないで、言われた通りするんだぞ。

　その次は**security check** 保安検査をすることになってるだろ。僕はこれをするときは、どうしてこんなに胸がソワソワするのか、わかんないよ。前にいる女の人が検査を受けていて、体から**爆発物** explosives が感知されたんだよ。それで空港が騒然としたんだけど、調べてみるとその女が'爆弾'だったんだ。

（ああ、なんか緊張するな）（さあ、こちらに来てください）

---

airport bus [ɛərpɔːrt bʌs]　　transportation hub [trænspərtéiʃən hʌb]　　see off [siː ɔːf]
check-in [tʃékìn]　　trunk [trʌŋk]　　airline [ɛərlàin]　　flight ticket [flait tíkit]　　passport [pǽspɔːrt]
boarding pass [bɔ́ːrdiŋ pæs]　　aisle seat [ail siːt]　　window seat [wíndou siːt]　　baggage [bǽgidʒ]　　extra charge [ékstrə tʃɑːrdʒ]　　security check [sikjúəriti tʃek]

ウソだかホントだか〜。キャハハ

　時計を見たら、まだ**take-off**離陸まで1時間もあったんだ。時間もまだあることだし、**exchange**両替するして、**duty free**免税店に寄って**店員**clerkに値段だけ聞きまわって、時間つぶしをしたんだ。

　ところがしばらくして時計を見たら、ほとんど搭乗時間になってたんだ。でも僕が乗る飛行機の**gate**搭乗口までは、ずっと歩いて行かなくちゃダメだったんだ。クソ！

　それから僕は、**moving walkway**動く歩道を映画か何か撮影でもするように、必死に走って行ってやっと搭乗口に到着したんだ。汗をダラダラ流して到着した頃には、**final call**最終搭乗案内放送で僕の名前が大きく鳴り響いてたんだ。まったく、恥ずかしいったらありゃしない！　下手したら、泣きながらこう言うところだったよ。

　"I missed KAL Flight No. 745 to Vancouver."バンクーバー行き大韓航空745便に乗り遅れました。

飛行機の中で

　どれほど緊張していたか、席に座って**calm down**心を落ち着かせしようとし

---

take-off [téikɔ(:)f]　　**exchange** [ikstʃéindʒ]　　**duty free** [djú:tifrí:]　　**gate** [geit]
moving walkway [mú:viŋ wɔ́:kwèi]　　**final call** [fáinəl kɔ:l]

語根lav '洗う'

語根lavは'洗う'っていう意味だ。lavatoryは機内のトイレをいって、大便がさっと洗い落とされるところだから、前にlavがついたみたいだ。

て、**flight attendant** 客室乗務員にタバコがあるかって聞いたら、いきなり怒るんだ。ただ聞いただけなのに、何でそんなに怒るのか、チェッ！（機内は禁煙なんだ。法律で決まってるよ）

だから黙ってそのまま眠ったよ。起きてみると、**in-flight meal** 機内食が出てくるところだったんだ。食べたらまた眠くなってきて、寝たよ。

寝てる途中に尿意をもよおして、**lavatory** トイレに行ってみたら、なんと！すべてのトイレが**occupied** 使用中になってるんだよ。ドア口でそっと「火事だ！」って言おうかと思ったけど、じっと我慢して戻ってまた寝て、起きたら到着時間になってたんだ。結局、飛行機では何もできないで、ずっと寝てばかりだったよ。

landing 着陸するときにいつも思うことだけど、地面に強くぶつかるとすごくドキドキするんだ。だから着陸時の衝撃を緩和しようと、お尻を少し浮かすんだ。隣の乗客が変な目で見てたけどね。もしかしてこの人、おなら**fart**でもしようとしてるのかって思ったろうな。^^

| 入国審査 |

飛行機を降りて**IMMIGRATION** 入国審査って書いてあるところで、入国審査をすることになってるんだけどね、なんか怖いんだよね。韓国に戻れって言われたらどうしようかなって。列に並んでる間に旅券、航空券、入国書類を準備して手にしっかり握ってた。順番がきたのでそれを出すと、審査官が入国目的や滞在期間を聞いてくるんだ。みんなも聞かれる質問だから、事前にちょっと勉強しておくといいよ。英語がよくできても、緊張したら答えられなくなるからね。

flight attendant [flait əténdənt]　　**in-flight meal** [inflait miːl]　　**lavatory** [lǽvətɔːri]
occupied [ákjəpàid]　　**landing** [léndiŋ]　　**immigration** [ìməgréiʃən]
baggage claim area [bǽgidʒ kleim ɛ́əriə]

ドキドキの入国審査が無事に終わって、**baggage claim area**荷物引渡所に行って**carrousel**回転式手荷物引き渡しコンベヤーの前で、僕のピンク色のかばんが出てくるのを待ったんだ。僕はほかの人のと紛らわしくないようにって、わざとピンク色を買ったんだ。みんなもピンク色の**trunk**を準備したらいいよ。かばんがすぐに目に入ってくるから、簡単に**pick up**探すできるよ。僕って、頭いいだろ？　へへへ。

　それから次は**clear customs**税関を通過する番だよね。僕が変な人相をしているのか、検査はとても入念にされたんだ。僕がこんな人相になりたくてなったわけではないよ。税関職員が、

"Anything to declare?"申告するものはありますか？

って言うから、

"No, nothing."いいえ、何もありません。

って簡単に言って空港を出たよ。

ホテルで

　時計を見たら、すでに夜の8時を過ぎてて……。ホテルまで**on foot**歩いてして行くにはとても暗いし遠かったんだ。途中で山賊**bandit**にでも会ったら大変だ。だからって**taxi**タクシーに乗るには、**fare**料金がすごくかかるだろうと思って、そのまま空港バスに乗ることにしたんだ。

　ホテルに到着した頃には、本当に体が疲れきってってね。だからホテル

carrousel [kǽrusèl]　　pick up [pik ʌp]　　clear customs [klíər kʌ́stəmz]　　taxi [tǽksi]　　fare [fɛər]

sweet roomなんてない！
たくさんの人々が特別室のことをsweet room（スイートルーム）って思ってるだろ。もしも外国に行ってこんな言葉を使ったら、困った状況に陥っちゃうよ。特別室はsuite roomまたはsuiteなんだぞ。

のfront deskフロントに行ってすぐにcheck inチェックインして寝ようと思って、急いで言ったんだ。

"Good evening. I have a reservation under the Moon-Duk." 'ムン・ドク' という名前で予約しました。

ところが受付の人は、変なことを言うんだ。

"We gave your room to another guest." お客様の部屋は、別のお客様が現在使用中です。

な、なんで、アスファルトの地面にヘッディングするようなことを言うんだ？　調べてみると、僕の友だちがconfirm a reservation 予約確認をするしていなかったんだ。残っている部屋はsuiteスィートルームしかないって言うんだ。だからもう泣きそうになって頼み込んだら、少し前にcheck outチェックアウトした部屋があると言って、哀れむような表情で鍵を渡してくれたよ。

次の日、ホテルで簡単に朝食を取ろうと、レストランに行ったんだ。レストランでは、American breakfastとContinental breakfastがあるっていうから、2つの違いが何かってそっと聞いてみたんだ。すると、**American breakfast**には卵料理にソーセージなどいろんなものがたっぷりとついてきて、**Continental breakfast**は穀物中心の低カロリーのパンにジャム、バター、シリアルがついてくるって説明してくれたんだ。Continental breakfastのほうが安いから、そっちにしたよ。可哀そうなムン・ドクだろ？　トホホ〜〜！

front desk [frʌnt desk]　**check in** [tʃékìn]　**confirm a reservation** [kənfə́ːrm ə rèzərvéiʃn]
suite [swiːt]　**check out** [tʃékàut]　**American breakfast** [əmérikən brékfəst]
Continental breakfast [kàntənéntl brékfəst]　**downtown** [dáuntáun]　**bus ticket** [bʌs tíkit]

| 観光地で |

　旅行の最初の日は素敵に始めようと思って、バンクーバーの**downtown**市内中心街が一目で見えるハーバータワーに行く計画を立てたんだ。**bus ticket**バス乗車券を買おうと思ったけど、**1日利用券**Day Passがあるって聞いて、**ticket office**チケット売り場に行ったんだ。チケット売り場には人がたくさんいたから、横の**automatic ticketing machine**自動チケット販売機で買うことにしたんだ。ところが**coin**硬貨を入れても何も出てこないんだ。気がついたら韓国の500ウォン硬貨を入れていたんだ。笑うなよ。猿も木から落ちるって言うじゃないか。

　ハーバータワーに昇って降りて来たら、それから何をしたらいいのかわからなくなってね。そこでせっかく1日利用券もあることだから、あちこち行ってみることにしたんだ。元は取らないとね。^^; バンクーバーの地下鉄は、Skytrainっていうんだって。アメリカではsubway、metroっていって、イギリスではtube、underground、香港ではMTRっていうんだ。どうして名前がみんな違うんだ〜〜!!

　地下鉄だけじゃなく、Seabusにも乗ったよ。まるで漢江の遊覧船に乗る気分で、写真もいっぱい撮ったよ。こうやって動き回るのも一度や二度だったらいいけど、だんだん飽き飽きしてきたんだ。それから一人で動き回るから旅行する意欲も出なくってね。

　やっぱり旅行は愛する人と一緒でなきゃダメだ。

MTR
香港の地下鉄をMTRっていうんだけど、Mass Transit Railwayの頭文字だよ。Massは大衆を意味するってこと、知ってるだろ? ^^

ticket office [tíkit ɔ́(:)fis]　automatic ticketing machine [ɔ̀:təmǽtik tíkitiŋ məʃí:n]　coin [kɔin]

旅行の話をすると、きりがないよ。海外旅行地で便利に使える表現を、いくつか紹介して締め括ることにしよう。

>> 入国審査
- What's the purpose of your visit? 訪問目的は何ですか？
  — Sightseeing. 観光です。
  — I'm visiting relatives. 親族訪問です。
- Where will you be staying in the U.S.? どこに宿泊予定ですか？
  — I'll be staying at the Hilton Hotel. Hiltonホテルに泊まります。
- What's your final destination? 最後の目的地はどこですか？
- Is this your first trip to the U.S.? 今回は初めてのアメリカ旅行ですか？

>> 手荷物探し
- I can't find my baggage. 私の荷物が見つかりません。
- What kind[sort] of baggage is it? どんな種類[模様]の手荷物ですか？
  — It's a pink suitcase. ピンク色のスーツケースです。

>> 税関検査
- Do you have anything to declare? 申告する事項はありますか？
  — No, nothing. いいえ、何もありません。
  — Yes, I have two bottles of whisky[wine]. ウィスキー[ワイン]が2本あります。

>> 換金
- Where is the nearest bank? 最寄りの銀行はどこですか？
- Can I get some change, please? 小銭と換えてください。

>> 交通
- Can I have a bus timetable? バスの時刻表はありますか？
- Could you draw me a map? 略図を描いてもらえますか？
- Do you go to the Hilton hotel? Hiltonホテルまで行きますか？
- I'm getting off here. ここで降ろしてください。
- Please tell me when I should get off. いつ降りたらよいか教えてもらえますか？
- Where is the taxi stand? タクシー乗り場はどこですか？

>> **観光**
- Where am I now on this map? 私は今、この地図のどこにいますか？
- Where is the nearest subway station? 最寄りの地下鉄駅はどこですか？
- How long will it take on foot? 歩いてどのくらいかかりますか？
- Can I take a picture here? ここで写真を撮ってもいいですか？
- Could you take a picture for me? 写真を撮ってもらえますか？
- Where is the restroom? トイレはどこですか？
- Please write it here. ここに書いてください。

>> **ホテル**
- Can I make a reservation for tonight? 今晩、部屋を予約できますか？
- I'd like to stay for five days. 5日間、宿泊したいんです。
- What's the rate for a room per night? 1日いくらですか？
- Does the price include breakfast? 料金に朝食は含まれていますか？
- Are there any cheaper rooms? もう少し安い部屋はありますか？
- I'd like to stay one more night. もう1晩泊まろうと思います。
- What's this charge for? この料金は何ですか？
- Can you hold my stuff for me, please? 私の荷物を預かってもらえますか？

① Laundromat コインランドリー　② drugstore / pharmacy 薬局　③ convenience store コンビニ　④ photo shop DPE　⑤ parking space 路上駐車場　⑥ traffic light 信号　⑦ pedestrian 歩行者　⑧ crosswalk 横断歩道　⑨ street 道路　⑩ curb 歩道の縁石　⑪ newsstand 新聞［雑誌］販売店　⑫ mailbox ポスト　⑬ drive-thru window ドライブスルー・ウィンドー　⑭ fast food restaurant ファストフード店　⑮ bus バス　⑯ bus stop バス停留所　⑰ corner 曲がり角　⑱ parking meter パーキングメーター　⑲ motorcycle オートバイ　⑳ cafe カフェ　㉑ public telephone 公衆電話　㉒ streetlight 街路灯　㉓ dry cleaners クリーニング店　㉔ sidewalk 歩道　㉕ fire hydrant 消火栓　㉖ sign 表示板　㉗ street vendor 露店商人　㉘ cart 手押し車、カート

単語暗記ノート

いろんな旅行

downtown 市内中心街

traffic jam 交通渋滞 = traffic congestion

suburb 近郊、外廓 = outskirts

picnic ピクニック = excursion, outgoing

hunt 宝探し

performance contest 出し物大会

field trip 修学旅行

a girl who's run away 家出少女

go backpacking バックパック旅行をする
・I'm going backpacking this summer. 僕は今年の夏にバックパック旅行するんだ。

travel （一般的な）旅行
・旅行会社 travel agency

trip 短い旅行

tour 遊覧旅行

journey 長い旅行
・journeyer 旅行客
・journeyman （徒弟修習期間を終えて日雇いで働く）職人

voyage 航海
・Bon voyage. よいご旅行を。= Have a nice trip.

pleasure boat 遊覧船

cruise tour クルーズ旅行
・cruise 遊覧

a cruise liner 遊覧船

safari （狩猟、探検などの）探検旅行

historic site 遺跡地

theme tour テーマ旅行

role-playing 役割演技

vagabond 放浪者 = vagrant, tramp, bohemian

nomad 遊牧民

honeymoon ハネムーン、新婚旅行

Honey ハニー

海外旅行

globalization グローバル化

visa ビザ

travel agency 旅行会社

round-trip ticket 往復航空券
・one-way ticket 片道航空券

hotel ホテル

reserve 予約する = book

|空港で|

airport bus 空港バス

transportation hub 交通の要衝

Incheon International Airport 仁川国際空港

see off 見送る

check-in 搭乗手続き

trunk 旅行用の大型トランク

airline 航空会社

flight ticket 航空券

passport 旅券

boarding pass 搭乗券

aisle seat 通路座席

window seat 窓側の席

baggage 荷物

extra charge 追加料金

security check 保安検査

take-off 離陸

exchange 両替する

duty free 免税店

gate 搭乗口

moving walkway 動く歩道

final call 最終搭乗案内放送

|飛行機の中で|

flight attendant 客室乗務員

in-flight meal 機内食

lavatory トイレ

occupied 使用中

landing 着陸

|入国審査|

immigration 入国審査

baggage claim area 手荷物引渡所

carrousel 回転式手荷物引渡しコンベヤー

pick up 探す

clear customs 税関を通過する

|ホテルで|

on foot 歩いて

taxi タクシー

fare 料金

front desk ホテルのフロント

check in チェックイン

confirm a reservation 予約を確認する

suite スイートルーム

check out チェックアウト

American breakfast アメリカ式朝食（卵料理にソーセージなどいろんなものがたっぷりと付いた食事）

Continental breakfast 大陸式朝食 （穀物パン、シリアルなど簡単な食事）

|観光地で|

downtown 市内中心街

bus ticket バス乗車券

ticket office チケット売り場

automatic ticketing machine 自動チケット販売機

coin 硬貨

subway 地下鉄
- アメリカの地下鉄 subway, metro
  カナダの地下鉄 Skytrain
  イギリスの地下鉄 tube, underground
  香港の地下鉄 MTR

Index

A

a girl who's run away 187
a school of fish 068
abortion 020
achilles heel 022
achilles tendon 022
acorn 085
acute 033
aghast 103
AIDS 032
air cleaner 143
airline 190
airport bus 190
aisle seat 190
alarmed 101
alcohol 169
alimentary organ 015
ambition 107, 119
ambulance 049
amentia 033
American breakfast 194
amoral 128
amphibian 068
amphitheater 144
amuse 093
anger 106
anger 108
animal 065
ankle 021
annual ring 080
ant 069
anthropoid 073
antibacterial 037
anticavity 037
antiseptic 037
anus 016
apartment 135
ape 073
appease 098
appendectomy 040
appendix 015
appetizer 164
apple 084
aquarium 074
archery 182
architect 134
arm 016
armchair 140
artery 010
artificial flower 082
aspirin 035
associate 112
astringent 160
athlete's foot 033
attic 136
auction 178
automatic ticketing machine 195
awe 103
awful 103

B

badminton 182
baggage 190
baggage claim area 192
bake 166
balcony 143
bamboo 080
bar 170
bargain sale 176
barn 137
basement 136
be admitted into a hospital 048
be green with envy 038
beach 183
bean paste 161
bear 073
beard 013
beat 166
bedroom 140
bee 069
beefsteak 168
beehive 069, 137

beer 170
behold 057
belly button 017
benign tumor 038
beverage 158
bikini 183
bile 111
bimbo 033
bitter 060, 159
Black Death 034
black out 171
blood 111
blood vessel 010
bloom 081
blossom 082
blow your nose 032
blubber 097
blunt 109
boarding house 136, 140
boarding pass 190
body building 028
boil 166
bone 018
bony 029
bookshelf 142
bough 081
bowels 015
brag 114

brain 011
branch 081
brand-new 154
brassiere 150
brave 104
break ground 134
break wind 016
breakfast 157
breast 017
breathe 012
briefs 149
broad-leaved tree 086
broil 166
bruise 041
bud 081
build 134
built-in wardrobe 142
bull 065
bunch of flowers 082
burn 040
burst into laughter 093
bus ticket 194
bust 018
butter up 129
buttocks 018
button 149
buxom 028

C

cabbage 083
cabin 137
calf 066
camel 074
cancer 033
cardigan 149
cardiologist 052
carnal 018
carp 069
carrot 084
carrousel 193
cart 176
carve 166
cat 067
catch a cold 032
caterpillar 069
catholic 121
cell 010
cereals 164
cerebral 011
cerebral death 011
check in 193
check out 194
check-in 190
checkout counter 176
cheek 012
cheerful 112

203

cheering 182
chef 159
cherry blossom 082
chest 017
chestnut tree 084
chick 067
Chinese cabbage 083
choleric 111
chop 166
chromosome 010
chronic 033
chubby 028
chuckle 093
church 144
clear customs 193
clear your throat 032
clearance sale 176
clinic 049
clone 020
closet 140
clothes 148
clothing 148
coat 150
cock 067
cockroach 074
cocktail dress 152
coffee table 140
coin 195

cold 062
collect call 108
comb 154
compact 152
compromise 121
compunction 096
conceit 118
condiment 159
condolences 050
confidence 115, 117
confident 116
confirm a reservation 194
coniferous tree 086
conscience 130
constipation 039
consult a doctor 047
contagious disease 034
contemptible 130
content 107
Continental breakfast 194
convenience store 179
cook 160
cookies 158
cool 062
core 081
corkscrew staircase 142
corrupt 106, 127
cosmetic store 152

cosmetic surgeon 051
cosmos 082
costume 149
cottage 135
cow 065
coward 104
cowardly 104
creature 080
crow 071
cruise tour 188
cry 092, 097
crybaby 097
cuckoo 070
cucumber 084
culinary skill 160
cut 040
cut in line 167
cute 066

D

dandruff 035
deaf 036
deafening 059
decayed tooth 036
deceive 130
deciduous tree 086
decrepit 029

deer 074
delicious 158
dementia 033
dentist 051
dentures 013
department store 176
depressed 095
deranged 051
dermatologist 052
design 134
desk lamp 143
desktop computer 143
despise 130
dessert 166
detergent 154
devilish 130
diagnosis 047
diarrhea 039
diehard 120
diet 157
digest 015
dining room 140
dinner 157
dinosaur 074
dirt 152
disappointed 107
disappointment 107
discount mart 176

disease 031
dish 157
dishonest 129
dismay 102
dispensary 048
disposition 111
ditch 068
divulge 113
doctor 047
dog 066
dolphin 074
doorbell 139
dormitory 142
double (fold) eyelid 012
Down syndrome 033
downtown 186, 194
doze 028
dress 151
dress shirt 149
drowsy 028
dry cleaner 152
duck 067
duty free (shop) 177, 191

E

eagle 071
ear 012

earache 036
easygoing 116
eat out 166
eavesdrop 058
ecstasy 094
eel 069
egg 067
elbow 016
elephant 074
embarrass 102
embryo 020
embryo cloning 020
emergency room 049
emotion 092
endemic disease 033
enrage 108
envy 092, 106
ephemera 071
epidemic disease 033
evening dress 151
event 182
evergreen tree 086
evil 129
exaggerate 113
exchange 191
exercise 181
exhausted 027
expensive 177

extra charge 190
extrovert 112
eye 011
eyebrow 011
eyelash 012
eyelid 011
eyesight 036

F

facial hair 013
faint 059
fake 177
fall sick 040
fare 193
far-sighted 036
fashion 154
fast food 167
fat 161
fatal 033
fatigue 027
favorite brand 177
fear 103, 106
female 018
fever 032
field trip 187
FIFA 183
fig tree 084

final call 191
finger 016
fireplace 140
first aid 049
fish 072
fishbowl 140
fishing net 069
fist 016
fit 154
fitness club 028
five senses 056
fixed price 178
flat 061, 159
flea 074
flesh 018
flexible 121
flight attendant 192
flight ticket 190
floor 139
flower 081
flower bed 082
flower vase 082
fluorescent lamp 143
fly 071
flyflap 071
fodder 065
food 157
foolhardy 115

foot 021
forehead 011
forget-me-not 082
fox 073
fracture 041
fragrant 059
frail 029
fresh 161
frighten 102
frog 068
front desk 194
front door 139
front yard 138
fruit 081
fruit tree 081
frustration 116
fry 166
furniture 142

G

garage 138
garbage can 160
garden 138
garden balsam 082
garlic 083
gate 138, 191
gaudy 153

gay 153
gaze 057
gene 010
general hospital 049
general practitioner 050
genuine 177
germ 040
get angry 108
get some rest 048
ghastly 103
giggle 093
ginkgo tree 086
giraffe 074
girdle 150
glance 057
glare 057
glib 113
globalization 189
glowing bulb 143
go backpacking 187
go on a diet 028
goat 066
golden bell 083
good for your health 029
gorilla 073
grape 084
grass 080
grasshopper 069

grate 166
grill 161
grin 093
gums 013
gymnastics 181
gynecologist 052

H

haggle 179
hair 011
hamburger 167
hand 016
hangover 169
hardheaded 120
hardworking 119
hardy 085
hardy orange 159
hare 070
haughty 118
have a bad cough 032
have a runny nose 032
have a sore throat 032
have bad eyes 036
head 011
headache 032, 035
headlong 119
health insurance 048

healthy 029
hear 058
heart 015
heart attack 038
heart disease 031, 038
heavy drinker 170
heel 022
hen 067
herb doctor 159
hideout 137
hip 018
historic site 188
homeless 187
homesick 096
honest 129
Honey 189
honeymoon 189
hospital 047
hot 061, 159
hot pepper 159
hotel 189
house 134
household appliances 140
housewarming party 134
humidifier 143
humor 111
hunch 062
hungry 164

hunt 186
husky 059
hybrid 066
hypermetropia 036
hypodermic fat 017

I

ICU 049
ignore 130
illness 031
immigration 192
immoral 128
impatient 119
impolite 128
impotent 020
in season 162
incense burning 050
Incheon International Airport 190
independence movement 181
index finger 016
indignant 108
indulgent 122
infectious disease 034
in-flight meal 192
injecting room 047
innocent 106, 127

insect 070
insecticide 071
inside joke 093
insidious 130
insidious disease 034
integrity 127
intern 050
Internet shopping mall 178
intimidate 103
introvert 115
introverted 114
intuition 062
ironing 153
irritable 109
irritate 108
isolation ward 034

J

ivy 085
jaw 013
jealousy 106
joint 021
joke 093
journey 187
joy 092, 106
joyous 094
juicy 159

K

kidneys 015
kitchen 140
knee 021
knit 149
Korean wrestling 182

L

lack of confidence 115
landing 192
lap 021
laptop computer 143
large intestine 015
latent period 034
laugh 093
laugh at 093
Laundromat 153
laurel crown 086
lavatory 192
lawn 138
laziness 118
leaf 081
leech 068
leftovers 166
leisure sports 183
lenient 122
Let me get this. 169

lethargic 028
Let's go Dutch. 169
lettuce 161
liberal 121
libertine 039
lion 074
lip 013
lipstick 152
listen to 058
liver 015
livestock 067
living room 140
lizard 068
look at 057
lose weight 028
louse 074
ludicrous 094
lukewarm 061
lunch 157
lung cancer 038
lungs 015
luscious 158

M

macerate 164
magpie 072
make a face 095

make a reservation 167
make-up 152
male 018
malignant tumor 038
mammal 066
mansion 137
maple tree 085
marble 140
market 160
masquerade 150
mate 065
meal 157
medical fee 048
medicine 048
medium 168
melancholy 111
melon 084
mental disease 036
mental hospital 036
mental institution 050
menu 167
merchandise 176
microwave oven 140
middle finger 016
migraine 035
migrating birds 072
miner 184
miscarriage 020

miss a cycle 020
moan 096
modest 118
modesty 119
molar 014
monkey 073
morality 127
morning glory 082
morning walk 181
mortuary 050
mosquito 070
mosquito net 071
moth 071
mortician 050
mournful 096
moustache 013
mouth 013
mouthwash 037
moving walkway 191
munchies 158
muscle 018
mustard 159
myopia 036

N

nail 017
naked 148

209

nap 027
napkin 168
narrow-minded 121
nature 128
near-sighted 036
neck 016
noisy 059
nomad 188
noodles 164
nose 012
nostril 012
nurse 047
nutrient 165

O
oak tree 085
obstetrician 052
obstinate 120
occupied 192
octopus 073
oculist 051
Olympic Games 182
on credit 179
on the rocks 170
onion 083, 162
on-line 178
operating room 049

optician 051
optimistic 116
optometrist 051
oral 013
orchard 084
order 167
organ 010
Oriental medicine 159
orthopedist 052
ostrich 073
otolaryngologist 051
oval 019
ovaries 019
overhear 059
overweight 028
owl 074
oyster 073

P
pagoda 144
painkiller 035
palm 016, 086
pane 136
panic 103
pantyhose 151
parasite 074
parrot 074

passport 190
pathetic 096
patience 119
patient 049, 119
pavilion 138
peach 084
peacock 073
(Chinese) pear 084
pediatrician 053
peel 166
peep 058
pen 066
penguin 074
penis 018
penthouse 136
performance contest 186
period 019
persimmon tree 084
personality 111
pessimistic 116
pest 034
pestilence 034
pet 065
petal 082
petticoat 150
petty 150
pharmacy 048
pheasant 071

phlegm 111
phlegmatic 111
physical stamina 027
physician 050
pick up 193
picnic 186
pig 066
piles 039
pine tree 085
pinkie finger 017
pity 096
plant 080
plastic bag 179
pleasure boat 188
PMS 020
podiatrist 052
poison 068
polite 128
pompous 113
pond 138
pork 161
positive 116
positiveness 119
potbelly 017
poultry 067
pour 166
pregnancy 020
prejudice 121

prescribe 047
prescription 048
pride 118, 119
printer 143
produce section 161
profligate 039
promising 116
psychiatrist 051
psycho 036
public health center 049
public housing 137
puffed 118
pull out 037
pullover 149
pulmonary disease 038
pumpkin 084
puppy 066

Q

quack 053
quit drinking 171

R

rabbit 070
radiology 049
radish 083

rage 108
rags 153
ranking 183
rare 168
rash 119
rat 067
receipt 169
recipe 160
recreation 184
Red Devils 183
red pepper 083
refreshed 028
refreshment 158
refrigerator 140
regret 095
relentless 122
rent 137
reproductive organs 018
reptile 068
reserve 189
resident 050
resort 183
respectable 120
restaurant 166
restroom 139
retail price 176
reticent 114
ribs 017

211

rice 164
rice cooker 160
rice scoop 165
ring finger 016
role-playing 188
roller skating 183
rollerblading 183
roller-skating rink 183
roof 139
rooftop 136
root 081
rose 083
rough 061
round 144
round-trip ticket 189
rupture 041

S
safari 188
salmon 072
salty 159
scalded 061
scaling 036
scar 040
scuba diving 183
season 159
security check 190

see 056
see off 190
seed 081
semi-finals 182
sense 056
sesame leaf 162
set the table 165
shabby 153
shaman 053
shameless 096
shampoo 154
shark 074
shed 065
shed tears 096
shin 021
shopping 176
shoulder 016
shrill 059
shrub 085
shy 115
side dish 166
sideburns 013
sight 056
sixth sense 062
size 177
skin disease 040
skip 158
skyscraper 135

slender 028
slice 166
slight illness 031
slovenly 153
small intestine 015
smart 153
smell 060
smile 092
smooth 061
snack 158
snake 068
sniff 032, 060
soar 071
sob 097
soccer 182
sociable 112
sofa 140
sold out 176
sorrow 092, 106
sound 029
soup 166
sour 061, 159
soy sauce 159
sparrow 071
spill the food 168
spinach 084
spleen 015
sports 182

sports wear 149
squid 072
stable 137
stain 153
stalk 081
stamina 069
stand in line 167
starve 029
starve to death 164
steam 166
steam thoroughly 165
steeple 144
stem 081
stereotype 121
sterile 020
stern 122
still birth 020
stinky 060
stir 160, 166
stockings 151
stomach 015, 017
stomachache 038
store 179
strawberry 084, 162
straw-roofed house 135
strident 059
stubborn 120
study 142

stylish 153
suburb 186
subway 195
sugar 158
suit 149, 154
suite 194
sullen 109
sunny-side up 165
suntanning 183
supermarket 161
surgeon 050
surprised 101
swallow 070
swallow one's anger 108
sweater 149
sweet 061, 158
swell 037
sympathize 096
symptom 032
symptom of cold 032
synchronized swimming 182

T

(dining room) table 140
tadpole 068
taekwondo 182
take-off 191

talkative 113
tampon 020
taste 060, 158
tasteless 159
taxi 193
teeth 013
tenacious 120
tent 143
testicles 019
theme tour 188
thick 160
thigh 021
thigh band 182
This is on the house. 169
throat 015
throb 051
throw up 171
thumb 016
ticket office 195
tidy 153
tiger 074
tile-roofed house 135
timid 115
tired 027
tissue 010
to go 167
toe 021
toilet paper 134

213

tomato 084
tongue 013
tonsillectomy 037
tonsils 015, 037
toothache 036
top brand 177
top floor 136
tortoise 069
tour 187
tower 144
traditional market 161
traffic jam 186
transportation hub 190
traumatic injury 040
travel 187
travel agency 189
treat 050
treatment shampoo 035
tree 080, 085
trenchcoat 150
trip 187
trout 071
trunk 081, 190
tubby 028
tumor 038
tuna 072
TV home shopping 178
twig 081

U

under construction 134
underwear 150
uniform 149
unkempt 154
unripe red pepper 162
upset 095
urologist 052
utensils 140

V

vacancy 140
vagabond 188
vagina 018
vanity 118
vegetables 161
vein 010
venereal disease 039
verdant 086
vigorous 029
viper 068
virus 040
visa 189
vital 015
vocalist 058
vomit 029
voyage 187

W

wail 097
waist 018
walking marathon 182
wallpaper 142
wash 165
wash your hair 154
washing machine 153
wasp 069
watch 057
watermelon 084
wear 149
weasel 069
weep 097
well-built 028
well-rounded 120
wet towel 168
whale 074
whimper 097
whisky 170
white lie 129
wholesale price 176
wicked 129
wild berry 084
window 139
window seat 190
window shopping 177
window sill 139

wink 011

winter clothes 149

wipe 032, 168

wisdom teeth 013

wish 107

wither 032

wolf 073

womb 019

wood 085

worn out 153

wrath 092

wrinkle 153

wrinkles 011

笑うな、僕は英単語の本だ！

著　者／ムン・ドク(文徳)
イラスト／クォン・ユンジュ(権潤珠)
訳　者／ハン・ユキコ(韓幸子)
発行者／村松邦彦
発行所／株式会社 主婦の友社
　　　　〒101-8911 東京都千代田区神田駿河台2-9
　　　　電話 03-5280-7537（編集）
　　　　電話 03-5280-7551（販売）
印刷所／図書印刷株式会社

© Shufunotomo Co., Ltd 2006　Printed in Japan
ISBN4-07-250270-7

Ⓡ〈日本複写権センター委託出版物〉
本書の全部、または一部を無断で複写（コピー）することは、著作権法上での例外を除き、禁じられています。
本書からの複写を希望される場合は、日本複写権センター（☎03-3401-2382）にご連絡ください。

※乱丁本、落丁本はおとりかえします。お買い求めの書店か、小社資材刊行課（☎03-5280-7590）にご連絡ください。
※内容に関するお問い合わせは出版部（☎03-5280-7537）まで。
※主婦の友社発売の書籍・ムックのご注文はお近くの書店か、小社コールセンター（☎049-259-1236）まで。
　主婦の友ホームページ　http://www.shufunotomo.co.jp/

か－093002